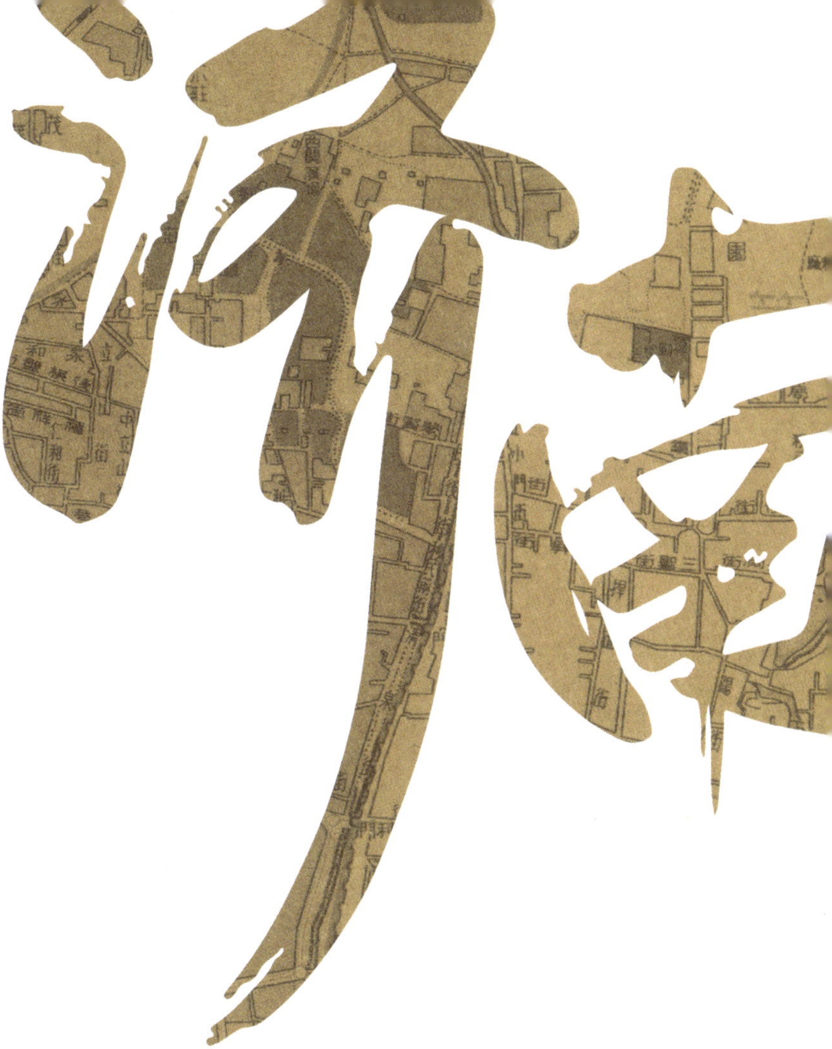

济南

杨峰·主编
陈忠·著

诗意之城 安诗魂
徐志摩

山东城市出版传媒集团·济南出版社

序
XU

讲好济南故事是我们的使命

看到济南出版社重磅推出的"济南故事"系列丛书，无论是作为济南城市的建设者，还是作为在这座历史文化名城工作与生活了数十载的济南市民，我都深感高兴与自豪。

伴随着这座历史文化名城发展变迁的足音，感受着这座时代新城前行律动的脉搏，我们会感到脚下的大地熟悉而又陌生。当时光列车即将驶入21世纪第三个10年的历史关口，济南的明天将会怎样，想必是每一位济南人都迫切需要了解的。要知道济南向何处去，首先要回答济南从哪里来。只有了解济南的昨天，才能知道济南的明天。了解济南故事，讲好济南故事，让更多的济南人热爱济南，让更多的外地人了解济南，使之成为建设美丽济南的磅礴动力，是我们义不容辞的使命。那么，了解济南故事，从阅读这套丛书开始，应该是个不错的选择。

济南是一座传统与现代相互融合的城市。一方面，济南地理位置得天独厚，南依泰山，北临黄河，扼南北要道，北上可达京师，南下可抵江南。济南融山、泉、湖、河、城于一体，风景绮丽，秀甲一方。她群山逶迤，众泉喷涌，城中垂杨依依，荷影点点，既有北方山川之雄奇壮阔，又有江南山水之清灵潇洒，兼具南北风物之长。作为齐鲁文化中心，她历史悠久，文脉极盛，建城两千多年以来，文人墨客、名士先贤驻足于此，歌咏于此，留下无数美好的诗篇。近代开埠以来，引商贾、办工厂、兴教育，得风气之先，领一时风骚。这些都是济南的老故事。

另一方面，作为山东省政治中心、经济中心、文化中心，当前的济南正面临新旧动能转换先行区、中国（山东）自由贸易试验区济南片区、黄河流域生态保护和高质量发展三大国家战略叠加的重大机遇，正对标习近平总书记

"走在前列、全面开创"的目标要求,阔步从"大明湖时代"迈向"黄河时代"。今日之济南,围绕"打造四个中心",建设"大强美富通"现代化省会城市,努力争创国家中心城市,统筹谋篇布局经济社会发展,大力发展大数据与新一代信息技术、智能制造与高端装备、量子科技、生物制药、医疗康养等十大千亿级产业集群,加快产业转型升级,一大批重大工程、重大项目落地投产,城市发展充满了无限生机。同时大力推进城市建设管理更新,中央商务区勃然起势,"高快一体"快速路网飞速建成,城市容颜焕新蝶变,城市品质赋能升级,城市文明崇德向善,生活在这座城市里的人们,有着以往从未有过的获得感、幸福感和安全感。现在的济南又趁势而上,加快实施公共卫生应急管理、营商环境优化、双招双引、项目建设、科技创新、城市品质提升、扩大对外开放等十二项重点攻坚行动,踏上了更为壮阔的高质量发展新征程。这是济南故事的新篇章。

作为时代变化的参与者、见证者,同时也应是优秀传统文化的守望者和美好故事的讲述者,我们有责任深入讲好济南故事,告诉世人济南的前世与今生。但也许是尊奉礼仪之邦"讷于言而敏于行"的古训吧,这些年我们做了很多,讲得却还不够。济南出版社策划出版"济南故事"系列丛书,可谓正当其时。它从多层面多角度挖掘、整理和诠释济南风景名胜、人文历史,向世人娓娓道来,并以图书的形式呈现出来,是一件有着深远意义的事情。我希望这套丛书能成为一把钥匙,为读者打开一扇门,拨开历史的风尘,带领读者穿越时光,纵览波澜壮阔的历史长卷,与往圣先贤来一场跨越时空的对话。

翻开它,我们走进历史;合上它,我们可见未来。

中共济南市委常委、市委宣传部部长

目录

徐志摩：诗意之城安诗魂

第一章　北大山上祭诗魂　/ 1

第二章　往事历历沉醉处　/ 19

第三章　辞别寂寞的梦乡　/ 35

第四章　与济南的三面缘　/ 49

第五章　徐志摩与"济南号"　/ 73

第六章　馆驿街上的秋雨　/ 101

第七章　四个女人的怀念　/ 113

第八章　诗城济南的追忆　/ 133

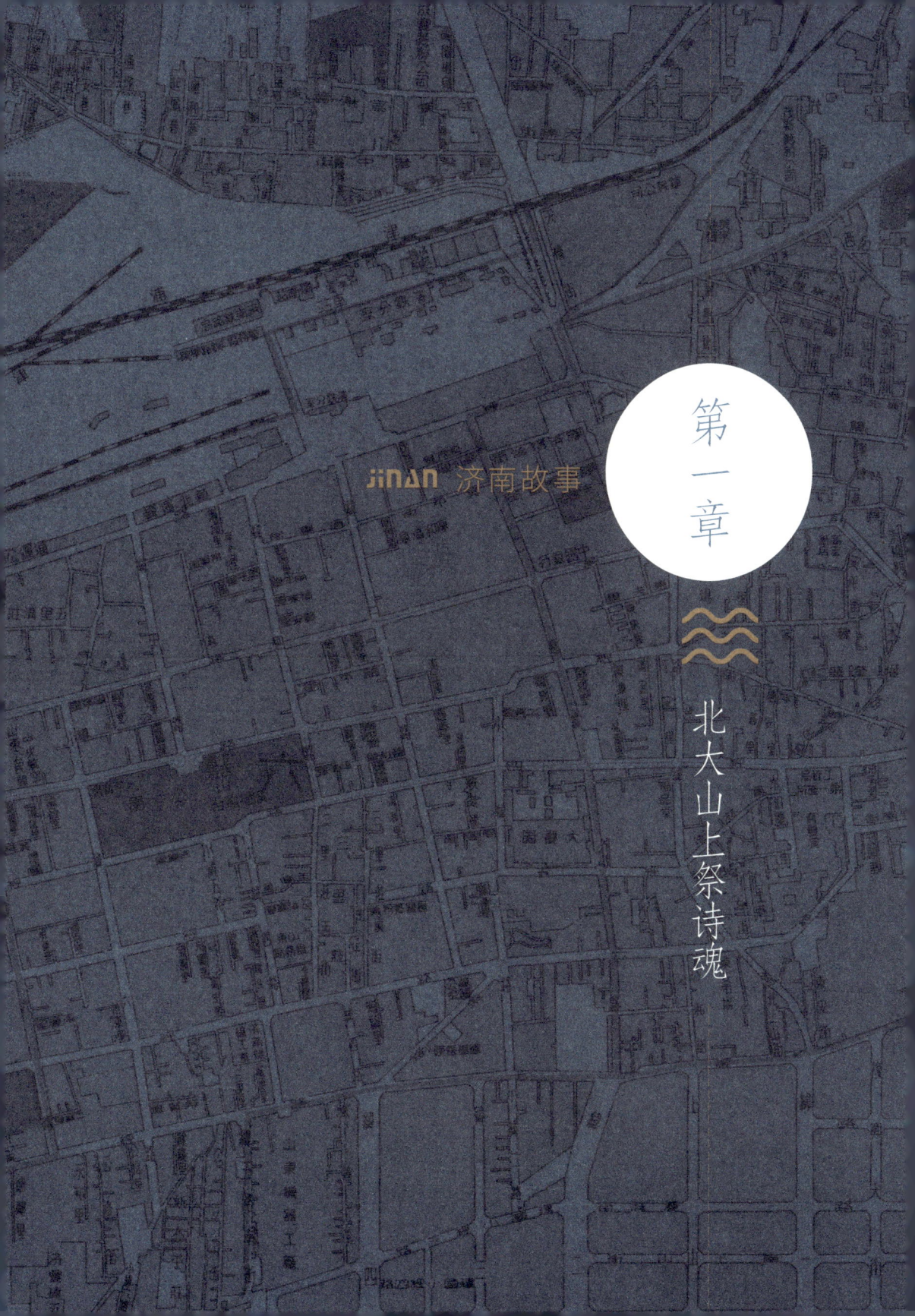

JINAN 济南故事

第一章

北大山上祭诗魂

这岂是偶然，小玲珑的野花！
你轻含着鲜露颗颗，
怦动的像是慕光明的花蛾，
在黑暗里想念焰彩，晴霞；

我此时在这蔓草丛中过路，
无端的内感，惆怅与惊讶，
在这迷雾里，在这岩壁下，
思忖着，泪怦怦的，人生与鲜露？

——徐志摩：《朝雾里的小草花》

北大山文学社敬献的花环

在这个唯有文字才能抚慰心头沧桑的年代，怀念一位故人，尤其是怀念一位像一朵渡劫而去的云彩的诗人，是否是一种听从内心的召唤，去寻找纯真天性和心灵自由的境界呢？

或许这是一种体验展翅与飞扬、放逐与寻梦、挚爱与热烈、纯洁与善良的心理历程。

或许，是纪念一个把爱、自由与美作为信仰的人。

或许，是怀念一个云水襟怀的人。

或许，是礼敬一个袖中藏着无限春光和快乐雪花的人。

诗意地栖居，在今天已成遥远的绝响。

只有静默的过往。

只有烟花绽放之后的寂灭，和寂灭之后的缅怀。

是时，白露微霜，晨光熹微。

是时，我用温暖的文字，开启一段已被许多人渐渐遗忘的一个诗人的短暂旅程。

抑或，是一座千年诗城永不落幕的纪念。

愿他有知。

泰山之北，济南西南，有长清区，有北大山[①]。

山不高，海拔高度仅330米，因地处平原，便有兀然耸立之感。山上松柏遍布，奇石林立，轻灵秀逸，让人望去，不由心折。

秋如旧，山空瘦。草木依稀，凭吊处。

染着秋色的光阴，也泛了黄。

2018年11月18日，北大山。

济南，长清区，深秋的徐志摩纪念公园。

[①] 关于徐志摩遇难的准确地点，学术界一直存有争论，因为当时事发突然，准确地点并无权威部门的记录，目前的说法多为相关人士的事后回忆。所以，遇难地点存有开山、白马山、西大山、北大山四种说法，其中白马山是以讹传讹，与当时撞机实际地点不符，开山是因撞机附近有开山村而得的说法，但实际上当地百姓并不叫这座山为开山，而是称其为北大山或西大山，内文中，当年报道徐志摩遇难的报纸均写为"开山"。文学界和媒体现统称为"北大山"。

北大山上的徐志摩塑像

天空是阴沉的,松柏默立在山坡上,任风吹着。

这里是诗人徐志摩当年罹难的地方,是徐志摩灵魂栖息的地方,后人为了纪念他,就在这陡峭山坡的缓和地带,树立了两块精心凿刻的纪念石碑。一块是徐志摩遇难地的人们于2006年2月立的,上面刻着诗人牛汉题写的"徐志摩纪念公园"。另一块是浙江省海宁市政协文史研究会和海宁市徐志摩研究会于2007年11月19日立的,上面写着:"志摩,故乡人民怀念你",石碑背面上记载着徐志摩的生平。

石碑面南而立,仿佛穿过千山万水,遥望着徐志摩的家乡——硖石镇。

这两块纪念石碑,消解了北大山上的荒凉和寂寞。

徐志摩纪念公园就在这绿树环绕中,倚天为屏,靠山为障,远离着尘世与喧嚣。

这是一个野花沾着露水、清秋透着寥落的日子。一个没有云彩和斑驳光影的日子,潮湿的空气里,没有呢喃的新燕,没有幽谷的香草,没有蔷薇的幻影,没有蝴蝶的斑斓,只有葳蕤的秋草、秋虫的吟唱,将两块纪念碑石裹罩着。

一阵风过处,满眼是落入尘世的蒲公英,衬得一座山愈发孤清,让人心生怅然和感叹。

突然,看见一根挂着好些红艳艳酸果的藤蔓,从一丛杂乱的草间探了出来,还有一朵朵艳红的牵牛花,给修缮一新的徐志摩纪念公园,平添了一点野性的鲜艳和自然的亮色。

相信,被萧瑟的秋色遮蔽的,并非只是鲜花和鸟鸣,一定还有些什么,只是我们没有感觉到,或者说,安眠的逝者,已化为景致之幽,旷世之风。

如果说此时天边还有一朵云彩,那么,就是每一个人内心里匿藏着的一朵飘逸的云彩。它在云层的后面,卸去了所有前尘的迷恋,在灵魂自由的上空,洒脱地低徊着,歌吟着。

这是一种牵念,即使时光的流转改变了最初的模样,只留下苍凉;即使我们都已青涩褪尽,多情无觅,这种野径伸展的牵念,依然会在心底深处千回百转,直至海枯石烂。

山脚下,是汇聚15万学子的济南大学科技园。在这10多座大学里,每天都有浪漫陪伴的身影,忧伤留下的痕迹,羞涩掩饰的热恋,徘徊不尽的心跳,行云流水的抒情,心有灵犀的独白,落英缤纷的依恋。

北大山脚下的那条铁轨,依然在向南、向北延伸着。

那条山脚下的京沪铁路(原津浦铁路)线连接着什么呢?

沿着山间起伏的小路,我们看到的只有零星的野花,开放在坚硬的石间。风吹着风的声音,错落在恍惚的光影间,散落在花朵即将枯萎的记忆里。

远处,那条贯穿南北的京福高速公路,似乎也被秋天的凉雾吸吮进去了。

上午10时,来自济南的诗人和作家钱欢青、王任、郑连根、陈忠、王展、周永、焦淑斌与140多位来自山东劳动职业技术学院的学生正集合在新建成的

徐志摩纪念公园

徐志摩纪念公园的石阶上,每个人都带着一种景仰和崇拜,表情严肃地站在那里,准备举行"纪念徐志摩先生遇难87周年"活动。

此时,北大山文学社社长、学生靳晓晴和北大山国学社社长、学生叶苏鲁代表全院师生将同学们亲手采集的荻花、南天竹等编织而成的花环,恭敬地摆放在刻着诗人牛汉题写的"徐志摩纪念公园"纪念石碑前。花环正中写着"徐志摩先生,我们永远怀念您"。

济南徐志摩研究会也献上了两个花篮。

纪念仪式由诗人周永主持。

首先,在场的全体诗人、作家和师生们肃立默哀,并向白色的石刻徐志摩塑像三鞠躬。

随后,陈忠代表济南徐志摩研究会向在场的学生们介绍了徐志摩与济南的背景资料和徐志摩家乡海宁的有关纪念情况。《济南时报》记者钱欢青就徐志摩的"爱、自由、美"的单纯信仰和诗意追求做了阐述和讲演。

在徐志摩先生经典作品诵读环节,山东劳动职业技术学院的师生们,站在刻有徐志摩诗作《再别康桥》的巨大石碑前,朗诵了《我不知道风是在哪个方向吹》《雪花的快乐》《偶然》《渺小》等经典诗文,寄托了他们对英年早逝的诗

纪念活动现场

刻有当年报道徐志摩遇难时报纸的石碑

人徐志摩的无限哀思和敬叹。最后,现场的全体诗人、作家、新闻媒体记者和师生共同朗诵徐志摩先生的代表作《再别康桥》,把纪念活动推向了高潮。

就在大家准备前去西北角处的山坡上,瞻仰山坡上刻有当年报道徐志摩遇难时报纸的巨大碑石时,在纪念公园的上空,突然出现了上千只灰翅膀的云雀,它们在空中盘旋、低徊,忽而花瓣似的散开,忽而聚成一大团,让举头看见的人感到惊讶、惊喜。

它们在寻找着什么?

不一会儿,它们像是被一种神秘的召唤牵引着,遁逸到山顶的树林去了。

11点19分,诗人们来到了徐志摩纪念公园西北角处的山坡上,只见有一巨大的碑石,刻有当年报道徐志摩在济南罹难时的报样,"济南号触岭惨剧""航空界之大不幸""文学界之大损失"等黑体字,透露出当年空难时的惨烈场面。

无人知晓,此时,几位诗人和作家为何心戚戚然,一如无人察觉,徐志摩追逐幻想的眼睛在彼时浮现出怎样徘徊的神情。

有人说,应该在徐志摩纪念碑左右,再立两块石碑,一块是中国航空奠基人之一、山东第一飞行员、"济南号"邮政小飞机的飞机师王贯一的,一块是"济南号"邮政小飞机的副机师梁璧堂的,这样,徐志摩的灵魂就不会感到孤独了。

也有人说，好在有徐志摩家乡立的纪念石碑，对徐志摩的诗魂也是一种慰藉吧。

山坡上有野雏菊和紫色的醉鱼木，在静默地开着细碎而寂寞的花。

寒冷秋风，沿着山石间的缝隙，穿透山坡的松柏，淹没了草虫的鸣声，野蜂的薄翼，袭击着枯黄的草丛和几簇野花，也送来了荒野的气息。

忽然，一束阳光，从云层里投射出来，从松柏的枝叶间探进来，落在那两块被风雨洗白的大理石石碑上。

此时，有人感受到了指尖流转的一缕清风。

此时，有人仿佛看见了一个青衫执墨的背影，像写意的流云，优雅而从容地浮在空中。他的眉宇之间，有一丝漫不经心的忧愁。

此时，许多人的眼前，再一次浮现出了徐志摩遇难80周年纪念活动的场景。

2011年11月17日上午。

北大山的上空云集起了大雾，大雾浓得很压抑，霭气弥漫，咫尺之外，憧憧人影，辨不清眉目。那山头、那松涛影影绰绰的，天空飘浮起的蒙蒙细雨，静悄悄地落下来，落下来，洇湿了每一片渐渐枯黄的树叶和悄然开放的黄色野雏菊。

上午10时，徐志摩纪念公园纪念石碑前。

济南市作协敬献的花篮

当济南市作协敬献的两只花篮刚刚摆放在徐志摩纪念公园石碑前，突然，一阵急促的雨滴，噼噼啪啪打在了花篮的两条红色丝带上。

清亮的雨水，在石碑上聚成细细的水痕，像是抑制不住的泪痕，从天空滑落下来，浸湿了凝固的光阴。当所有诗人躬下身，在石碑前默哀的静谧中，许多人听见了大雾移动的声音,听见了雨滴斜飞的律动,也听到了自己的心跳。

他们在临风洒泪。

阳光在雨雾之上移动着。

云深云浅,细雨霏霏。

那时那地,有人想起了林徽因①在《纪念志摩去世四周年》一文中的一段文字:

在昏沉的夜色里我独立火车门外,凝望着那幽暗的站台,默默地回忆许多不相连续的过往残片,直到生和死间居然幻成一片模糊,人生和火车似的蜿蜒一串疑问在苍茫间奔驰。我想起你的:

火车擒住轨,在黑夜里奔

过山,过水,过……

如果那时候我的眼泪曾不自主地溢出睫外,我知道你定会原谅我的。你应当相信我不会向悲哀投降,什么时候我都相信倔强的忠于生的,即使人生如你底下所说:

就凭那精窄的两道,算是轨,

驮着这份重,梦一般的累坠!

徐志摩老家硖石的火车站

---

① 林徽因(1904-1955),汉族,福建闽县人,出生于浙江杭州。原名林徽音。中国著名女建筑师、诗人和作家,人民英雄纪念碑和中华人民共和国国徽深化方案的设计者之一,建筑师梁思成的第一任妻子。

那晚的月白是缠绵的,星辉是清亮的。独立在站台上的林徽因,沐浴在如水的月光里,肯定远眺到了东山下那条泛着柔光的河流。

远处,树梢也透着白亮的光照。

夜莺在鸣叫。

知己远去了,唯有春秋更迭、繁华落寞之后的明月,还高高挂在天空。

当陈忠以主祭人的身份,宣布"向徐志摩先生默哀一分钟"时,吴开晋、孙国章、袁忠岳、李良森、阴波、杨健、董超岩、王展、宋俊忠、陈莹、王远西、钱欢青、吴文峰等人,在密集的雨水里一字排开,肃穆地低下头,为诗魂留在北大山上的徐志摩鞠躬默哀。

在这一分钟里,有人骤然想起了徐志摩那首《黄鹂》里的几句诗:

我们静着望,怕惊了它。

但它一展翅,

冲破浓密,化一朵彩云;

它飞了,不见了,

没了——

像是春光,火焰,像是热情。

出席徐志摩遇难 80 周年座谈会的代表在徐志摩纪念公园

不知是雨水还是眼泪，慢慢地从苍老、稚嫩、青春、姣好的脸上滑落下来，慢慢地，流出无数道虔诚的水痕。

天哭了！

如果，生，是过客，那么，死，就是云的挽歌，就是烟火一般的告别。

死亡，对徐志摩来说，未尝不是生命的另一种生存方式。

徐志摩终于可以超脱地忘却沾带着露水的残红与落寞，忘却迷幻着浪漫的惆怅与唏嘘，忘却哀伤着的隐秘与不悔，忘却情缘写尽的恩怨与偿还，忘却曾经追忆的真爱与自由……

当徐志摩真的可以忘却一切的时候，我们开始了对徐志摩的怀念，正如徐志摩怀念康桥河畔的金柳那般。

每年来北大山祭奠徐志摩的人，也许是来自五湖四海的，也许是来自天涯海角的，也许他已不再年轻，也许她风华正茂，但喜欢徐志摩的心是一样的，即使身体年迈，他们依然心不老。他们一次次地来到此处，也一次次地找寻着徐志摩没带走的那一片济南蓝净天空上的云彩。

心念如是。

上午10点30分，"徐志摩在济遇难80周年座谈会" 在长清区崮云湖办事处举行。

著名诗评家、诗人吴开晋首先发言：

在这个特殊的日子里再次来到长清，非常高兴！长清是人杰地灵之处，建了徐志摩的公园，更增添了文化的氛围、文化的积淀，对长清的发展更有好处。纪念徐志摩谈两点意见。关于对他的评价大致分三个阶段，五四以后新中国成立前基本肯定，新中国成立后基本否定，改革开放后又逐渐地一点点地肯定，批评他的人说他只会写优美的爱情诗、风景诗，而且还有一些诗批评了苏联的暴政，说他是反人民的。他虽然不像郭沫若、闻一多那样更关注民生，但也写了一些诸如歌颂矿工、批判军阀混战的诗，因此要全面地、更历史地评价徐志摩。第二，徐志摩对中国的新诗发展可以说做出了重大贡献。当前的诗歌创作虽然也有一些好作品，但有的离人民群众较远，甚至形式、格律、音乐美都被取消了。徐志摩精美的爱情诗、抒情诗、风景诗格律非常强，读了悦耳，有音乐的铿锵，把他这些东西吸收过来发展当前的新诗，新诗将获得更大的成就。要关注民生、要关注国家的命运，形式上有音乐的美，新诗的发展之路才会更宽。

去年细致读了一遍徐志摩的散文，觉得五四以来，朱自清、冰心、徐志摩三人的成就比其他人更大一些，诗作非常精美。诗作好处是真情，没有假话，没有矫情，像散文诗一样。他的散文也非常富有音乐美，语言精致、对仗、形象，也是值得我们今天去学习的。期盼济南、长清通过学习徐志摩等，出现更多的好作家、好诗人，为我们国家的文化做出更大的贡献。

山东师范大学教授、著名诗评家袁忠岳说道：

这个活动非常有意义，我认为徐志摩在这个地方逝世是一个悲剧，但从另一个角度来看，他是为爱情而生，也是为爱情而死。他当时写诗的时候是在英国，在剑桥，环境很美，人更美，因为有林徽因，开始有了爱情才有诗，最后因为林徽因要给外国使臣讲建筑，为了赴约，他搭乘了"济南号"飞机。当时本来是想坐张学良的专机的，但张学良临时有事去不了，为赶时间，他才上了这架飞机。当时飞机很简陋，据说他死了以后，梁思成来给他办丧事，从飞机残骸里头捡了一块烧焦的木头，带回去给林徽因，林徽因挂在床头，一直到她1955年去世，始终挂在那里。从另一个方面来看，他死了以后那么多人纪念他，胡适、沈从文等写文章，包括他离婚的老婆张幼仪①始终没有忘了徐志摩，她既照顾老的又照顾小的，大儿子死了，待小儿子结婚后才和一个医生结婚，并且在台湾出了徐志摩全集。最近看了一个访谈，说是在所有爱徐志摩的人里面，最爱他的还是张幼仪。陆小曼在徐志摩活着的时候不争气，徐死了以后她把他的画像挂在床头，从

---

① 张幼仪（1900-1988），名嘉玢，出生于江苏宝山，1915年与徐志摩结婚。1922年张幼仪于柏林产下次子，并与徐志摩正式离婚。1926年返回中国，1927年在东吴大学教授德文。1928年担任上海女子商业储蓄银行副总裁、云裳服装公司总经理。

此戒了鸦片,娱乐也不参加了。徐志摩的另一个红颜知己凌叔华①写过一篇悼念文章,说上帝要把徐志摩带到他的天国去,徐志摩不愿意离开大地上的朋友,所以回到了大地。徐志摩为人没有一个敌人,还有那么多的美女作家写文章纪念他,我认为人活到这个份上,值了!他的爱情包含着对自由、对美的追求。他认为人的一生,至少该有一次,为了某个人而忘了自己,不求有结果,不求同行,不求曾经拥有,甚至不求你爱我,只求在我最美的年华里,碰到你……

多么浪漫啊!不能到此为止!我觉着这里应该成为一个诗的圣地、爱情的圣地,应该到这里来朝拜,朝拜这个爱情诗人。要是达到这个效果的话,我们才算对得起他——徐志摩。

当年的崮云湖街道办事处主任,在徐志摩逝世75周年的时候亲自主持了立碑事宜的阴波先生激动地说:

非常高兴有机会参加这个活动。大家在这里怀念80年前遇难的徐志摩,我刚才站到那个山坡,想起了我们五年前为徐志摩立碑的情景。当时吴老、耿老都来了。当时的区委书记接到了中国作协的一封来信,提出立碑的事情,后转交给了我。我也觉得,徐志摩先生英年早逝,作为他本人是个悲剧、作为中国的文学事业是个悲剧,但作为长清应该是个幸事。他是在寻梦,在这里找了他的安魂之处。我当时就有个设想,在这里立一块碑,塑一个雕像,一块汉白玉的雕像,一个徐志摩,一个站立的徐志摩,背后刻上他的诗《再别康桥》,在他的后面建一个汉白玉的诗墙,把他著名的诗请书法家书丹之后,刻到诗墙上,把这里作为他的一个纪念地。大学城建设以后,这些设想不能办了,因为这里全部纳入大学城规划当中去了。但这个设想确实与我对他的怀念、对他的崇拜相吻合了,因此,我做了一生中单独决定做的一件事,拉着宣传部的领导一起完成了这件事。当时来了全国30多位诗人,包括牛汉、食指等。当时牛汉已经82岁,他讲了

---

① 凌叔华,1900年3月25日出生于北京的一个仕宦与书画世家。父亲凌福彭是光绪十九年举人。1924年,在大学里,在作画的同时,她开始以白话执笔为文。在《晨报副刊》上,以瑞唐为笔名发表短篇小说处女作《女儿身世太凄凉》,接着又发表《资本家之圣诞》及杂感《朝雾中的哈大门大街》等。

三点，第一，徐志摩是五四的产物，没有五四就没有徐志摩。徐是中国新诗的开创者之一，是中国新诗的代表。徐对新诗的贡献是无与伦比的。第二，他写诗是受徐志摩先生影响的，16岁时看了一本志摩的诗集，从此走上了诗人的道路。第三，他说徐志摩是情圣，徐的诗有恒久价值。在上山的途中，牛汉不用人扶。他讲话中一直叹息，叹息这座山并不高，志摩先生却没有跨越过去……他还说，徐志摩是执着的，特别是对爱情，可以这样认为，他是百年的诗魂，更是千年的情种。他去世得早、走得早，但他却永远成为一代又一代青年人心中的爱情偶像！

最后，阴波说，我们每一次纪念他，肯定要赋予他不同的意义，这次是80年，上次是75年，我希望我们每年都有一个主题，每年都有一个不同形式的活动，把这个事情做好，让志摩的魂能够在中国诗歌大地上飘荡，让他的根永远留在这里……

座谈会上，当地的一个老领导、老作家说，徐志摩逝世75周年时，他老家海宁来过一个团，看到这个碑，非常感谢长清人民。

另一位作家则说，这个活动非常好，体现了我们的人文情怀。徐志摩的诗是中国新诗成熟期的代表，到现在读起来仍然脍炙人口，甚至雅俗共赏，外行都喜欢看。现在好多诗，只有诗人自己看，或者部分诗人看，走进了死胡同。文学这个东西，就该雅俗共赏。徐志摩有真性情，活得非常值，是个传奇，是文学史上值得永远纪念的人物。

平阴县作协主席宋俊忠在徐志摩遇难78周年的时候独自来过，并写下了《北大山上诗魂》一文在《山东文学》上发表。他说徐志摩逝世时坐的飞机没有导航，就沿着铁路线飞行。大雾弥漫，驾驶员降低飞行高度寻找铁轨，才不幸触山机毁人亡。他甚至在文中建议，要把这座山改为"徐志摩山"。

耿建华教授则说，我五年前来过，今天在小雨大雾中又来了，举行这样一个活动，非常有意义，特别是在当下的时代，我们纪念中国文学史上重要的诗人，也是世界上有名的诗人。大家刚才都肯定了他在中国文学史上的地位，肯定了他为追求爱情、理想奉献了终身。怎样用好徐志摩遇难地是一种学问，一个地方的文化是靠不断积累的！要通过这个活动，使我们的诗歌精神传承不息，特别是在大学生集中的地方，要高扬我们诗歌的旗帜……①

这天，很多参加祭奠活动的诗人和新闻工作者，在吴文峰的采访本上留下了爱诗者的感言：

吴开晋：追求真善美，创造出优秀的文学作品！

袁忠岳：美的理想，爱的圣地——徐志摩遇难处！

孙国章：至人无己，神人无功，圣人无名！

阴波：百年诗魂，千年情圣！

耿建华：雪飞千载，志摩不死！

陈忠：志摩先生是挥也挥不去带也带不走的一片云！

杨健：至情至真诗永恒！

董超岩：在今天一个雨雾相加的日子，我们想到了徐志摩！

王海峰：百年诗魂，开山相伴！

宋俊忠：文学结缘，友谊长存！

李良森：借志摩之魂，结文学之缘！

陈莹：诗歌因激情而动人，人格因纯粹而高大！

尹悦：志摩的终点，我们的起点！

才华横溢泉三股，字吐珠玑水一泓。

多少诗人生历下，济南自古是诗城。

济南不仅仅是一座泉城，自古以来，就是闻名遐迩的诗城。

北魏时期，济南士大夫就在现在的曲水亭街附近建起了"曲水流杯池"，池水北出为曲水河。旧时，每年三月三，各地文人聚会于此，到水边洗濯以清除不祥。宴会开席，文人们将盈满酒的杯子放在托盘上，又将托盘放在"流杯池"水面上任其漂流而下。托盘漂至拐弯处往往会停下来，于是，坐在河边的

---

① 根据吴文峰《冷雨霏霏祭诗魂——悼徐志摩先生济南遇难80周年》中的第二部分"念故人"整理。

人必要端杯一饮而尽，然后即兴吟诗，如诗作不住便会被罚酒。这种曲水流觞盛会一直流行到清代。

孔子曰："仁者乐山，智者乐水。"山清水秀，泉水喷涌，水墨画般的风景，自然波涌出妙语如珠的诗句。

济南最早的诗人，应是四千年前，龙山文化时代的大舜。他的《思亲操》"陟彼历山兮崔嵬……父母远兮吾将安归？"和《南风歌》"南风之薰兮，可以解吾民之愠兮……"已流传了几千年。三千年前的谭国大夫的诗作就入选了《诗经》。再就是曾任济南相的曹操，和他的儿子曹植的诗作，开创了中国诗歌注重平仄律的先河。

尤其是到了唐宋以后，更是涌现出众多的诗人和文学家，像崔融、李清照、辛弃疾、杜仁杰、刘敏中、张养浩、李开先、李攀龙、王士禛等，都以其或婉约、或秀丽、或豪放的风格流传下了千古绝唱。

更不要说，曾在济南留下过诗作名篇的李白、杜甫、苏轼、苏辙、曾巩、王安石、元好问、蒲松龄等大家。

之所以如数珍宝般地道出这些历史，是想告诉徐志摩，他的诗魂安息在这座"一泓清浅漾珠圆，细浪潆洄小荇牵"的千年古城，是上天的安排，是命运的指引，更是他与这座诗城的生死缘。

曾在济南居住过的老舍这样慷慨地赞美过济南："上帝把夏天的艺术赐给瑞士，把春天的赐给西湖，秋和冬的全赐给了济南。"

徐志摩是在深秋季节在济南遇难的，他在这片泉水滋润过的土地上，安放下了他的灵魂，愿他在这长眠之地——不朽！

时间渐移，一声如水滴的鸟语，将回忆唤回了现实。

蓦然回首时，那一声鸟语，不知滴落在了哪一枚绿色的松针上。

沿着徐志摩纪念园西边新铺设的石阶下山，陆续看见有人从山下往上走去，在与他们擦肩而过时，彼此的脸上，都露出了谦让的微笑。

下山后，钱欢青、王任、郑连根、陈忠、王展、周永、焦淑斌、于海龙八人，从山东工艺美术学院东门进入，然后，沿着干净而平坦的柏油路往西走去，没走多远，就看见路北有一铺着鹅卵石的小花园，三面植种着清秀的修竹，随着秋风袅袅入耳，一丝竹香沁入心脾，感觉这个校园内的小公园，显得格外清雅和静穆。

这就是徐志摩纪念公园。

一座雕刻精美的徐志摩铜像安静地矗立竹林前。

一只黄色的蝴蝶翩翩飞来，停落在铜像基座上花篮的一朵百合花的花瓣上。

山东工艺美院美术馆副馆长王任讲述了这尊徐志摩铜像背后的故事：

2013年，著名作家、文化学者冯骥才访问英国、驻足康桥，见到了剑桥大学镌刻着徐志摩诗歌的纪念石。此前，冯骥才造访山东工艺美术学院时，偶然获悉徐志摩曾求学于北洋大学（天津大学前身）的历史事实，并且得知徐志摩遇难地就在山东工艺美术学院东邻，随之对此事念念不忘、牵挂心怀。他随即郑重提出了在大学校园为徐志摩立像的创想：一尊立在天津，一尊立在济南，一尊立在剑桥。

2013年5月，山东工艺美术学院副教授、雕塑家商长虹开始创作徐志摩塑像。他遍读徐志摩传记文献，与徐志摩研究者切磋讨论，用心领悟徐志摩的性格特征和精神气质，苦心琢磨，数易其稿。塑像从创意、构思到修改、完成，经历了两年半多。2013年11月，冯骥才再度造访山东工艺美术学院，并察看徐志摩塑像泥稿。他从文学家和文化学者的角度，提出了自己的观点和建议。根据冯骥才的建议，作品又做了较大的修改和完善。修改后的雕塑作品小样于2014年入选全国美展。2015年10月，"志摩回到母校"——徐志摩铜像落成仪式，作为天津大学120周年校庆、冯骥才文学艺术研究院10周年院庆的重要内容在天津大学举行。冯骥才在《缘何为徐志摩立像》一文中评价该雕塑："我喜欢这件作品在写实的本体上，对人物的身材的修长做了一些大胆的夸张，喜欢作者追求语言的纯净与精致美，喜欢雕像骨子里那种诗人的清明。应该说，它看似写实，实际却是一种意象，一种气质，一种凝固的性灵。"

2018年10月，徐志摩铜像于北大山脚下山东工艺美术学院校园内悄然矗立。在山东工艺美术学院45周年校庆之际,大学校园迎来新景观。

"悄悄的我走了,正如我悄悄的来;我挥一挥衣袖,不带走一片云彩。"

徐志摩的这句诗,竟如缓缓打开的一卷书里的一句谶语,让至今活下来的人,慢慢地用一生破译着。

JINAN 济南故事

第二章

往事历历沉醉处

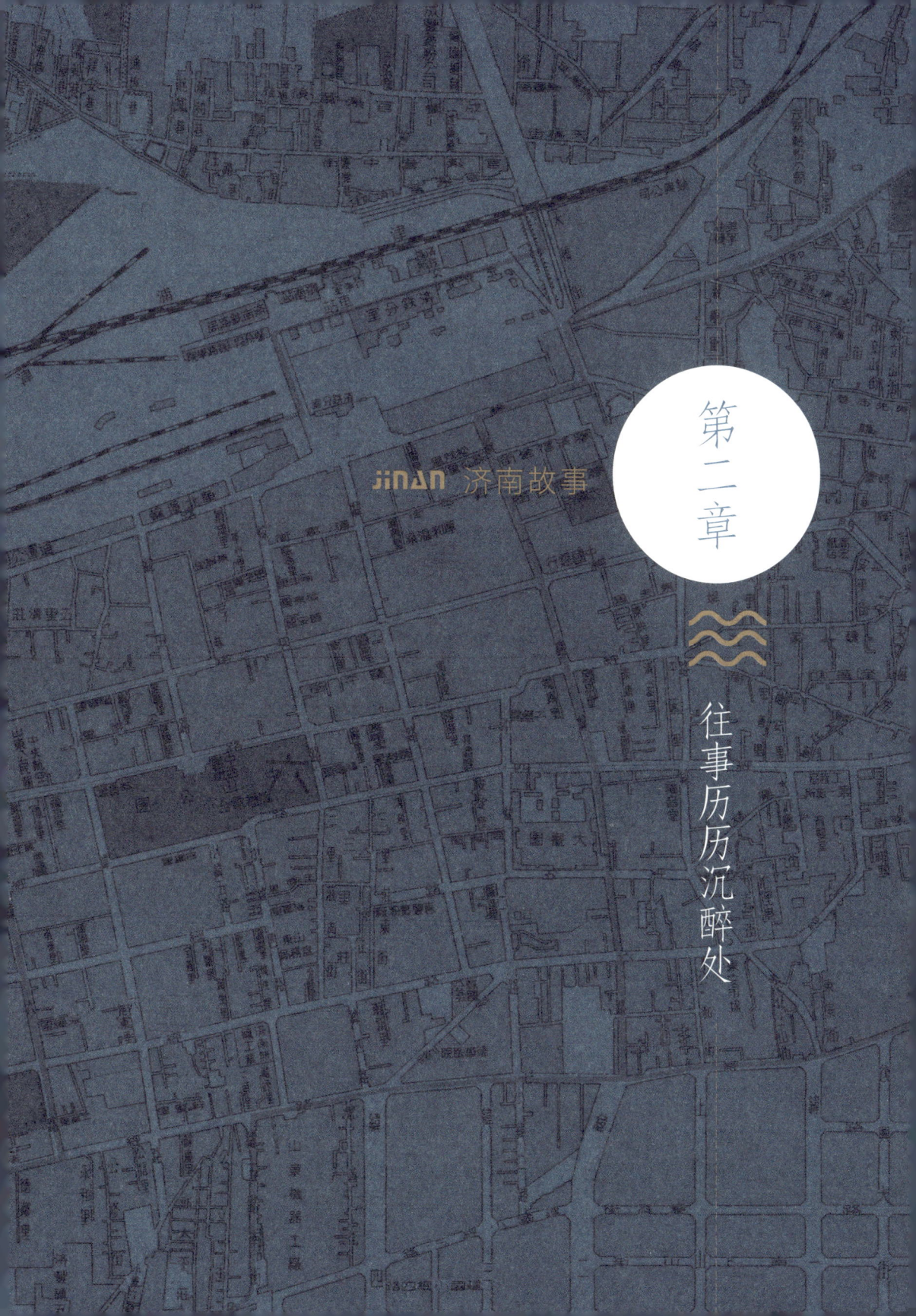

在春风不再回来的那一年,
在枯枝不再青条的那一天,
那时间天空再没有光照,
只黑蒙蒙的妖氛弥漫着
太阳,月亮,星光死去了的空间。

——徐志摩:《最后的那一天》节选

徐志摩和陆小曼合影(陆小曼,名眉,别名小眉、小龙,江苏常州人。1926年10月与徐志摩结婚。近代女画家,师从刘海粟、陈半丁、贺天健等名家,晚年被吸收为上海中国画院专业画师。)

1924年5月初，北京学界发生了一件大事，以《吉檀迦利》成为第一位获得诺贝尔文学奖的亚洲人、印度著名诗人泰戈尔来到北京。

5月8日，为庆祝泰戈尔63岁生日，在协和医学院礼堂，北京学界特意为他开了一个祝寿会。在祝寿会上一群名流出演泰戈尔的诗剧《齐德拉》（当时翻译成《契玞腊》）。剧中，徐志摩饰演爱神，女主角齐德拉则是由林徽因饰演，男主角王子阿顺那则由张歆海扮演，好几位名人都参与其中，如蒋百里（演村民）、林长民（演春神）、丁西林（亦演村民）、袁昌英（演村女）、梁思成（绘景）、张彭春（导演）、胡适（主持），可谓一时盛极，应该说是新月社戏剧活动的一次极漂亮的展示。

《齐德拉》是泰戈尔最著名的音乐舞蹈诗剧，故事源于被誉为"印度古代社会百科全书"的印度两大史诗之一《摩诃婆罗多》，该故事经过泰戈尔的妙笔生花，讲述了男女主人公美丽的爱情故事，并被赋予了新的内涵。

齐德拉是马尼浦国王和王后的女儿，也是他们唯一的孩子。她相貌丑陋，国王想立她为储君，从小让她像男孩子一样学习武艺，接受训练。一天，齐德拉在山中行猎，碰到了邻国王子阿顺那。她对阿顺那王子一见倾心，生平第一次为自己的相貌不美而感到痛苦。她向爱神祈祷，求爱神赐她以美貌，哪怕一天也好。爱神被她的虔诚打动，答应赐她一年时间的美貌。齐德拉变成了美女，赢得了阿顺那王子的爱情，与王子如愿以偿结了婚。婚后不久，王子吐露心声，说自己一直在心里爱慕着邻国英武的公主齐德拉。而这时的齐德拉，也早已不耐烦冒充美女。于是，她又向爱神祈祷，请求收回赐予她的美貌。她在丈夫面前恢复了本来的面目，向心爱的人敞开了炽热的心扉。

在演出之前，林徽因在幕布前扮一古装少女恋望新月的造型，她雕塑般地呈示出演出团体———新月社。

演出结束后，泰戈尔走上舞台，慈爱地拥着林徽因的肩膀赞美道："马尼浦王的女儿，你的美丽和智慧不是借来的。是爱神早已给你的馈赠，不只是让你拥有一天、一年，而是伴随你终生，你因此而放射出光辉。"

当时，陆小曼也在协和医学院礼堂，负责站在礼堂门口发售说明书。据当天晚上一位叫赵森的年轻人回忆："在礼堂的外部，就数小曼一人最忙，进来一位递上一册说明书，同时收回一元大洋。看她手忙脚乱的情形，看她那瘦弱的身躯，苗条的腰肢，眉目若画，梳着一丝不乱的时式头——彼时尚未剪发——斜插着一枝鲜红的花，美艳的体态，轻嫩的喉咙，满面春风地招待来宾，那一种风雅宜人的样子，真无怪乎被称为第一美人。"赵森的回忆，刻画出一个娇艳的陆小曼，而在当时，徐志摩的眼里，只有林徽因。

就像诗剧《齐德拉》中最经典的那句台词说的那样："我像一朵花，在她的赞美中慢慢绽放。"

陆小曼，又叫陆眉，别名小眉、小龙，笔名冷香人、蛮姑。江苏常州人，近代女画家。在北京女中读书一直到14岁，15岁那年，她被在民国政府财政部担任赋税司司长的父亲陆定送到法国人开办的圣心学堂。这是一所贵族学校，当时北京军政界部长的千金小姐们，许多都在圣心学堂读书。陆定还专门为女儿请了一位英国女教师，教授英文。陆小曼生性聪慧，十六七岁已通英、法两国语言，还弹得一手好钢琴，又精于油画，师从刘海粟、陈半丁、贺天健等名家。她曾在外交部参加过三年接待外国使节的工作，经常参加各种外宾聚会，担任翻译人员。渐渐地，18岁的陆小曼在北京外交界崭露头角。

1922年，19岁的陆小曼，与王赓在当时豪华的"海军联欢社"举行婚礼，彼时，她还是一个青春鼎盛的少女。

陆小曼的丈夫是美国西点军校毕业的军官王赓，与美国名将艾森豪威尔是同学，回国后曾任职北洋陆军部，并以中国代表团武官身份随陆徵祥参加巴黎和会；后任交通部护路军副司令并晋升少将。1923年任哈尔滨警察厅厅长。1928年后，先后出任孙传芳部五省联军总部参谋长、敌前炮兵司令、铁甲车司令等职。1932年因"泄漏军机"被判入狱两年零六个月。1935年出狱后任职铁道部，后任兵工署昆明办事处处长。1942年4月，作为政府军事代表团成员赴美，其间因肾病复发医治无效，在埃及开罗逝世。

王赓出任哈尔滨警察厅厅长时，他想让陆小曼随同前往，陆小曼就到哈尔滨住了一段时间。不多时,就回北京娘家居住,与王赓两地分居,因此与丈夫在感情上开始淡漠。

据陆小曼表妹吴锦之子庄篪先生回忆说,王虽留学外国,但思想仍旧古板、封建,每天除了上下班外,手不释卷,生活固定,很少有小两口外出散散心的。王在军校形成了不是命令就是服从的军人性格。他把妻子当作生儿育女的工具,夫妻俩在一起就是生儿育女,夫妻间的谈情说爱,感情交流,几乎忽略。

有时陆小曼要外出,王一定要陪伴,而且像保镖一样站在一旁,什么活动都不参与。因此,陆小曼说:"王赓是木头人!""王赓的眼前只有仕途和升官!"有时因王赓在旁,陆小曼与朋友无法自由地说笑。因此,小曼感到婚后的生活索然无味。

由于性情不投,结婚半年后,两人失和成为无可否认的事实。故而,陆小曼与王赓的婚姻出现了危机。

徐志摩与王赓同是梁启超的门生,有同门之谊,徐还是王赓与陆小曼结婚时的伴郎,自然,也就成了王家的常客。王赓在北京时,因事务忙,有时不能陪陆小曼出游,因此,心地单纯的王赓经常将陆小曼托付给徐志摩,希望最懂得生活情趣的徐志摩能多陪伴陆小曼,给她解解闷。出于友情难却,加上对小曼印象极好,徐志摩也就乐于充其任。彼时,徐志摩正因为林徽因随梁思成出国而抑郁,需要散心、赏景,以此来排遣内心的苦闷,对好友王赓的请求,徐志摩欣然答应。于是,徐志摩经常陪陆小曼一起游长城,逛天桥,或者到"来今雨

陆小曼前夫王赓

轩"喝茶,去西山上看红叶……

在两人交往的过程中,陆小曼明白了自己需要的是什么生活、什么样的爱人。而徐志摩知道了陆小曼的痛苦遭遇后,更加同情与爱怜小曼。于是,两人陷入热恋,难分难解。

徐志摩和陆小曼一个是江南才子,风度翩翩;一个是窈窕淑女,情意绵绵。

陆小曼就是徐志摩眼波中的柔水,从第一眼起,徐志摩就觉得缘定此生。

徐志摩与陆小曼感情渐深,两人"恨不相逢未嫁时"。

刚刚20岁出头的陆小曼,难挡徐志摩炽热的追求,她在日后的日记里写道:"他那双放射神辉的眼睛照彻了我内心,认明了我的隐痛,更用真挚的感情劝我不要再在骗人欺己中偷活,不要自己毁灭前程。他那种倾心相向的真情,才使我的生活转换了方向,同时我也跌入了恋爱了。"

爱情的焰火在他们的天空上燃放了。

有人说,林徽因带给徐志摩的是一股清风,陆小曼带给徐志摩的则是蜂蝶乱舞的油菜花香。是这样的吗?

此后,徐志摩常常偷着给陆小曼写情书,她也在家里偷偷用英文回信给他。

在当时那个刚从封建制度下蜕变而来的社会里,虽然有很多知识分子在呼喊婚姻自由和爱情至上,但没有一个人敢站出来说出心中的真爱。许多人已经习惯了包办婚姻下的自得和沉闷。所以徐志摩和陆小曼大胆执着、激烈燃烧的爱情,在那个社会是惊世骇俗、违背伦理和道德的,即便是放在现在也还是会遭人非议。他们这种如熔岩爆发般的爱,一切都无法阻止,那一颗炽热到快要被爱的烈焰熔化掉的跳动的心,也只有诗人徐志摩才能超越世俗,背起真爱的十字架。连郁达夫当时都由衷地羡慕徐志摩,说:"忠厚柔艳如陆小曼,热烈诚挚若志摩。遇合在一起,自然要发放火花,烧成一片了,哪里还顾得上纲常伦教?更哪里还顾得宗法家风?当这事情正在北平的交际社会里成为话柄的时候,我就佩服志摩的纯真与小曼的勇敢,到了无以复加。"

他们的相爱，自然遭到了王家和陆家的激烈反对。陆小曼的父母为隔断她与徐志摩交往，决定带陆小曼暂回上海，不料，火车刚到上海北站，陆小曼出了车厢下车，徐志摩却在另一节车厢下车。

这是一种命运的巧遇吗？还是一种情缘的安排？是的，这样热烈的追求，任谁都无法阻挡，更何况他们两人情投意合呢。

《圣经·雅歌》里有一段文字是这样描述爱情的："求你将我放在心上如印记，带在臂上如戳记，因为爱情如死之坚强，嫉恨如阴间之残忍，所发的电光是火焰的电光，是耶和华的烈焰，爱情，众水不能熄，大水也不能淹没，若有人拿家中所有财宝来交换爱情，就全被藐视。"

徐志摩的爱是冲动、莽直、率真的。他觉得相爱的人在一起就是天，没有了爱，天塌下来也无碍。

陆小曼也觉得与王赓性情和爱好有很大差异，觉得自己并不快乐。陆小曼曾说过这样一句话："我就是死，也要与王赓离婚！"

后来，在刘海粟的劝说下，王赓痛苦地考虑了两个月，知道陆小曼已爱慕上了徐志摩，仿佛什么都已明白。

一天，王赓打破沉闷，对陆小曼说："我感觉到我还是爱你的，同时我也再给你一段时间考虑，你觉得你和志摩是否真的相配？"沉默了片刻，他看着陆小曼闭口不言，就说："看来，你心意已定，那么，我也不再阻拦。"

陆小曼哭了，瞬间想到王赓平日里的种种好处，虽然，他以往有时对她态度不好，但心底还是爱她的。

王赓最后说："你别哭，我是爱你的，但是我平时对你不够关心，这是我的性格所决定的。你和志摩都是艺术型人物，一定能意气相投，我祝福你和志摩以后能得到幸福。"

王赓与陆小曼办完离婚手续之后，当面送给徐志摩一句让人心颤的话。

他说："我们大家是知识分子，我纵和小曼离了婚，内心并没有什么成见；可是你此后对她务必始终如一，如果你三心二意，给我知道，我定以激烈手段相对的。"

王赓在这场婚变中，表现出的宽容与大度，即使是现在的社会，也很少有男人能做到。

然而，就在王赓答应和陆小曼离婚不久，陆小曼突然发现自己有了王赓的骨肉。这一发现使她痛苦万分：如果生下来，那她将很难和王赓离婚，也就无法和徐志摩结合，一年多的努力也将付之东流；如果打掉，又觉得对不起小孩，对不起王赓。当时，她母亲坚决要她把孩子生下来，但陆小曼心想，生下来就意味着离不了婚。王赓好不容易答应了，虽然还没在纸上签字，但事情已经有了希望，这是她和徐志摩盼望已久的。考虑再三，为了爱情和自由，她悄悄地去做了流产手术。

她没有让王赓知道，也没告诉徐志摩，苦果，她一个人独自吞下了。

这是怎样决绝的选择啊。

而且，这场失败的流产手术，使陆小曼再无做母亲的希望了。

所有的得到，都须付出一定的代价。

1926年10月3日，农历八月二十七。北平，北海公园。下午，二时半。

婚礼就安排在画舫斋里的古柯庭举行。画舫斋是一座以方形水池为中心、回廊四匝的幽静庭院，院内亭榭、厅堂别具情趣。画舫斋东北角的古柯庭，曾是同治、光绪幼时读书的地方。

远处是琼华岛，岛上的树木层层叠叠、郁郁葱葱。在树木中间耸立着永安寺白塔。

这日，衣香钗影，士女如云。花团锦簇，绿荷叠翠。来宾足有二百多人，其中有陈寅恪、赵元任、金岳霖、闻一多、赵太侔、余上沅、梁实秋、刘海粟。

证婚人梁启超在徐志摩和陆小曼的婚礼上的证婚词异常犀利：

徐志摩，你这个人性情浮躁，你离婚再娶就是用情不专的证明。陆小曼，你和徐志摩都是过来人，我希望从今以后你能恪遵妇道，检讨自己的个性和行为，离婚再婚都是你们个性的过失所造成的，希望你们不要一错再错自误误

陆小曼和徐志摩在北京北海公园结婚

人,不要以自私自利作为行事的准则,不要以荒唐和享乐作为人生追求的目的,不要再把婚姻当作是儿戏,以为高兴可以结婚,不高兴可以离婚,让父母汗颜,让朋友不齿,让社会看笑话……希望你们不要再一次成为过来人,我作为你徐志摩的先生——假如你还认我作先生的话——又作为今天这场婚礼的证婚人,我送你们一句话:希望这是你们两个人这一辈子最后一次结婚!这就是我对你们的祝贺!

当时,满堂宾客听到梁启超如此"绝无仅有"的一段证婚词无不失色,也搞得徐志摩和陆小曼很是尴尬,但从中也看得出来这代表了当时的社会舆论的方向,和他们双方父母的意见。

事后,梁启超在给大儿子梁思成与未婚妻林徽因的一封信中说:"我昨天做了一件极不愿意做之事,去替徐志摩证婚……我在礼堂演说一篇训词,大大教训一番,新人及满堂宾客无一不失色,此恐是中外古今所未闻之婚礼矣……徐志摩这个人其实聪明,我爱他不过,此次看着他陷于灭顶,还想救他出来,我也有一番苦心……但觉得这个人太可惜了,活着竟弄到自杀。我又看着他找得这样一个人做伴侣,怕他将来苦痛更无限,所以想对那个人当头一棒,盼望他能有觉悟(但恐甚难),免得将来把徐志摩累死,但恐不过是我急痴的婆心便了……品性上不曾经过严格的训练,真是可怕,我因昨日的感触,专写这一封信给思成、徽因、思忠们看看。"

徐志摩和陆小曼历尽千辛万苦走到一起,委实不容易,如若从此珍惜相爱,相随相伴终生,未尝不是一段人间佳话。

或许,缘起,缘灭,就在心念之间。

徐志摩和陆小曼结婚时，爽朗坦荡的林徽因送来了贺礼和祝福。其实，林徽因并不否认她和徐志摩之间的好感和真挚的友谊。她在给胡适的信中写道："适之先生，请你告诉志摩，告诉他我绝对地不怪他，只有盼他原谅我从前的种种的不了解。但是路远隔膜误会是所不免的，他也该原谅我。我昨天把他的旧信一一翻阅了。旧的志摩我现在真真透彻地明白了，但是过去的，算过去，现在不必重提了，我只求永远纪念着。"

此外，当收到徐志摩和陆小曼结婚的喜帖，作为昔日的好友、陆小曼的前夫王赓，特意送了一份礼品表示祝贺，并做了他们婚礼上的伴郎。

婚礼之后，徐志摩与陆小曼回到老家海宁度过了一段神仙眷侣般的蜜月期。

徐志摩在给张慰慈的信中写道："上海一住就住了一月有余，直到前一星期，咱们俩才正式回家，热闹得很哪。陆小曼简直是重做新娘，比在北京做的花样多得多，单说磕头就不下百次，新房里那闹更不用提。乡下人看新娘子那还了得，呆呆的几十双眼，十个八个钟头都会看过去，看得陆小曼那窘相，你们见了一定好笑死。闹是闹，闹过了可是静，真静，这两天屋子里连掉一个针的声音都听出来了。我父在上海，家里就只妈，每天九点前后起身，整天就管吃，晚上八点就往床上钻，曼直嚷冷，做老爷的有什么法子，除了乖乖地偎着她，直偎到她身上一团火，老爷身上倒结了冰，你说这是乐呀还是苦？"

在硖石镇，徐志摩和陆小曼种花植树，携手登临后楼露台，眺东西两山，窗下读书，吟诗作画，爬智标塔、上紫薇亭……

美好之事，如舒展开来的睡莲。

然而，好景不长，北伐战争的硝烟也弥漫到了南方，一直很少受到战乱侵扰的硖石镇，这一次也未能幸免于难。一个月后，徐志摩辞去了北平《晨报副刊》主编的职务，带着新婚的陆小曼，随着难民潮来到了上海，居住在环龙路花园别墅11号。

婚后的生活并非"草香人远，一流清涧"的超然生活，也不像诗境里那般美好与浓烈。徐志摩的家人并不认可这段婚姻，只许他们住在上海，不许返

徐家老宅

乡，并不再给徐志摩钱财资助。而张幼仪在和徐志摩离婚后，被徐志摩的父母认作了义女，仍住在徐家西侧南厢房。

徐志摩和陆小曼的婚姻，没有得到亲人们的支持和祝福。

徐志摩的父亲徐申如始终不愿接纳陆小曼，认为她不守妇道，水性杨花。父亲未出席他们的婚礼，之后，对陆小曼的态度也极差，过六十大寿时不许她出席，在经济上与他们夫妇一刀两断，二人生活随之渐入困境。

陆小曼因为过惯了挥霍无度的奢侈生活，每月至少要支出银圆五百、时价六两黄金的开销。为了满足陆小曼经常出门的需要，徐志摩买了汽车并配了司机，并雇了男仆、丫头。

在上海的社交花费常常让徐志摩焦头烂额，苦不堪言，自己的生活窘困拮据。陆小曼好戏，且喜扮角，整日有她结识的阔太太登门请她帮忙参加募捐赈灾义演，而每次，她都是出手大方，赢得好誉。不仅如此，陆小曼还喜

翁瑞午

欢捧角,一掷千金。据说,当年的袁美云、袁寒云这样的旦角都是被陆小曼捧红的。

陆小曼身体不好,总有病痛缠绕着她,没有半天是消停的。她请因演戏而结识的朋友、也是徐志摩的同性知己翁瑞午为她按摩理疗,在翁瑞午的引诱下,她抽上了鸦片。徐志摩不忍心看着她痛得打滚,默许了她躺在烟榻上吞云吐雾。不管徐志摩在不在场,陆小曼都手扶烟枪一副迷醉的样子,而翁瑞午更是不避嫌,与陆小曼同榻对卧。

在鸦片的烟雾中,徐志摩已渐渐看不清小曼窈窕的身影。

陆小曼开始抱怨徐志摩婚后变得不如先前那般浪漫,抱怨徐志摩在家里的时间越来越少,对她的关爱也越来越少,她并不明白从小锦衣玉食的徐志摩,之所以到处讲学、授课、撰稿、倒卖古董字画、搞房地产中介、在北京和上海等地四处奔波赚钱,只是为供应她奢华的生活。

徐志摩累了,也疲倦了。

徐志摩对陆小曼的爱,似乎不再像先前那么饱满,丰润。

记得徐志摩曾说过:"自由,最高的莫过于内心选择的意志的自由。"没料想到,他竟然被生活死死地束缚住了。

徐志摩的苦闷,谁知?

斯时,我想起了梁实秋多年后在《谈徐志摩》中的一段文字:"浪漫的爱,有一个显著的特点,就是这爱永远处于可望而不可即的地步,永远存在于追求的状态中,永远被视为一种极圣洁极高贵极虚无缥缈的东西。一旦接触实际，真个的与这样一个心爱的美貌女子自由结合，幻想立刻破灭。原来的爱变成了恨，原来的自由变成了束缚，于是从头来再开始追求心中的'爱、自由与美'。这样周而复始地两次三番演下去，以至于死。"

这是徐志摩在婚后写的诗：

阴沉，黑暗，毒蛇似的蜿蜒／生活逼成了一条甬道／一度陷入，你只可向前／手扪索着冷壁的粘潮／在妖魔的脏腑内挣扎／头顶不见一线的天光／这魂魄，在恐怖的压迫下／除了消灭更有什么愿望？

在1931年炎热的7月，徐志摩接连给陆小曼写了两封信，除了告诉她自己的一些日常生活琐事，主要就是劝她能振作起精神，认真地去做点事情，不要整天沉浸在灯红酒绿和鸦片的烟雾之中。

在7月4日信中，徐志摩写道：

你能安心做些工作。现在好在你已在画一门寻得门径，我何尝不愿你竿头日进。你能成名，不论哪一项都是我的荣誉。

徐志摩的一番苦口婆心，陆小曼能知否？

那段时间，陆小曼对徐志摩的淡漠，也着实让他苦恼。都说小别胜新婚，可每次徐志摩满心欢喜地走回到她的身边时，她总是慵懒地坐着或者躺着不起身，没有一丝的爱怜，每次徐志摩欲张开双臂前去拥抱或者亲吻她时，触到的却总是飘浮着的空气。

恍惚之间，徐志摩看见了浪漫的灰烬，从理想的天空上飘落下来。

7月8日，徐志摩写给陆小曼的信：

我这次回来，咱们来个洋腔，抱抱亲亲何如？这本是人情，你别老是说那是湘眉一种人才做得出，就算给我一点满足，我先给你商量成不成？我到家时刻，你可以知道，我既不想你到站接我，至少我亦人情的希望，在你容颜表情上看得出对我一种相当的热意。更好是屋子里没有别人，彼此不致感受拘束。

况且你又何尝是没有表情的人？你不记得我们的"翡冷翠的一夜"在松树七号墙角里亲别的时候？我就不懂何以做了夫妻，形迹反而得往疏里去！那是一个错误。

9月，徐志摩忙着搬迁北京之事，忙着到处看房子，只是想找一处舒适而又让陆小曼感到安逸的居所。这一切，陆小曼她知情吗？徐志摩多想陆小曼不要那么任性，不要那么置身度外，可她依然我行我素，对徐志摩的辛苦和心思淡然待之。

10月1日，徐志摩在信中写道：

我每天每夜都想你。一晚我做梦，飞机回家，一直飞进你的房，一直飞上你的床，小鸟儿就进了窠也，美极！可惜是梦。想想我们少年夫妻分离两地，实在是不对。但上海绝不是我们住的地方。我始终希望你能搬来共同享些闲福。北京真是太美了，你何必沽恋上海呢？

10月19日，徐志摩给陆小曼的信中说：

今天是九月十九日，你二十八年前出世的日子。我不在家中，不能与你对饮一杯蜜酒，为你庆祝安康。这几日秋风凄冷，秋月光明，更使游子思念家庭。又因为归思已动，更觉百无聊赖，独自惆怅。遥想闺中，当亦同此情景。今天洵美等来否？也许他们不知道，还是每天似的，只有瑞午一人陪着你吞吐烟霞。

眉爱，你知我是怎样的想念你！你信上什么"恐怕成病"的话，说得闪烁，使我不安。终究你这一月来身体有否见佳？如果我在家你不得休养，我出外你仍不得休养，那不是难了吗？前天和奚若谈起生活，为之相对生愁。但他与我同意，现在只有再试试，你从我来北平住一时，看是如何。你的身体当然宜北不宜南！

爱，你何以如此固执，忍心与我分离两地？上半年来去频频，又遭大故，倒还不觉得如何。这次可不同，如果我现在不回，到年假尚有两个多月。虽然光阴易逝，但我们恩爱夫妇，是否有此分离之必要？眉，你到哪天才肯听从我的主张？我一人在此，处处觉得不合适；你又不肯来，我又为责任所羁，这真是难死人也！

百里那里，我未回信，因为等少蝶来信，再做计较。竟武如果虚张声势，结果反使我们原有交易不得着落，他们两边，都无所谓；我这千载难逢的一次外快又遭打击，这我可不能甘休！竟武现在何处？你得把这情形老实告诉他才是。

你送兴业五百元是哪一天？请即告我。因为我二十以前共送六百元付账，银行二十三来信，尚欠四百元，连本月房租共欠五百有余。如果你那五百元是在二十三以后，那便还好，否则我又该着急得不得了。请速告我。

车怎样了？绝对不能再养的了！

大雨家贝当路那块地立即要出卖，他要我们给他想法。他想要五万两，此事瑞午有去路否？请立即回信。如瑞午无甚把握，我即另函别人设法。事成我要二厘五的一半。如有人要，最高出价多少，立即来信，卖否由大雨决定。

明日我叫图南汇给你二百元家用（十一月份），但千万不可到手就宽，我们的穷运还没有到底；自己再不小心，更不堪设想。我如有不花钱的飞机坐，立即回去。不管生意成否。我真是想你，想极了！

这封信是徐志摩给陆小曼的最后一封信。寄出这封信后，徐志摩就开始走上了不归路。

1930年冬，徐志摩辞去上海的教职，抱着"另辟生活"的愿望，应邀到北京大学与北京女子大学任教，并与陈梦家、方玮德一起创办《诗刊》季刊。而流连于上海十里洋场的陆小曼，依旧纵情享乐，一味地投身社交场合，看戏，打牌，跳舞，吃鸦片膏，极尽奢侈铺排，从不考虑徐志摩经济上是否开支得起，也从不考虑或很少考虑徐志摩的内心感受和辛苦的奔劳，而且，不断写信向徐志摩要钱。

其间，徐志摩的母亲去世，父子反目，身心疲惫极了。

当时，胡适劝徐志摩，说"你们可以分开"。徐志摩说："分开，就是害了她。"徐志摩当时虽有凌叔华、林徽因等红颜知己，但是对陆小曼却一直是关爱有加的，尽管婚后两人有些矛盾，但是感情还是很好的。

1931年是他们婚姻生活中最难受的一年，生活的重担、陆小曼的沉沦、夫妻之间情感的裂痕，使得疲于奔命的徐志摩苦不堪言。

10月份，徐志摩为摆脱因陆小曼在上海开销太大所造成的经济困境，热心地充当起蒋百里及孙大雨在上海的房屋土地中介。

一进入11月份，陆小曼已难以维持在上海排场的生活，就连续发电报催促在北京教书的徐志摩回家，希望他的到来，能解她的燃眉之急。

JINAN 济南故事

第三章

辞别寂寞的梦乡

假如我是一朵雪花,
翩翩地在半空里潇洒,
我一定认清我的方向——
飞扬,飞扬,飞扬——
这地面上有我的方向。

——徐志摩:《雪花的快乐》节选

徐志摩故乡南关厢景色

11月10日晚 北平

徐志摩参加了宴请英国柏雷博士的茶会,那晚,林徽因也去了。柏雷博士是英国作家曼殊斐尔的姊丈,是来中国开太平洋会议的。徐志摩原本希望可以再从柏雷口中得些曼殊斐尔早年的影子,只因时间所限,茶会匆匆便散了。

徐志摩是和林徽因一起出来的,在北总布胡同口分手,当时他还不知道明天能飞。徐志摩回到胡适家,得知第二天要南飞。又来梁家,适遇思成和徽因有约外出,徐志摩等了一会儿,喝了一壶茶,等不来主人,便在桌上写了个便条:定明早六时起飞,此去存亡不卜……

徐志摩没想到,当林徽因看到这纸条上的留言后,会是怎样的神情呢?

她怔了一下,心里似乎有种不祥的感觉,忙拿起电话。徐志摩听到了林徽因的声音,很是温暖。"到底安全不安全?"她问。徐志摩说:"你放心,很稳当的,我还要留着生命看更伟大的事迹呢,哪能便死?"

11月11日晨 南京

6时,徐志摩搭乘中华民国海陆空军副司令张学良的福特式专机由北平起飞,并说好,过几天后,再搭乘他的福特式专机回到北平。

到南京后,去看望了张歆海、韩湘梅夫妇。

谈至夜晚,张、韩夫妇送徐志摩上火车回上海。

11月13日 上海 福熙路 四明村613号

徐志摩回到了上海福熙路四明村的家中。

这次回来,徐志摩给陆小曼带来不少画册、字帖、宣纸、笔墨,满心指望陆小曼能沉浸在艺术氛围中,成就一番事业。

没想到,刚进家门,两个人又吵起了架。

徐志摩本想劝她和自己一起到北平去,陆小曼就是不肯,许是因为林徽因在北平,一个女人的心里容不得她所爱的男人有另外的女人;也或许是北平没有十里洋场,陆小曼已经习惯了钱带给她的感官享受。徐志摩想说家里的开支已经越来越大,欠账单也越来越多,这样下去是很难维系生活的。但他毕竟是一介书生，怎么能够撕破脸和她继续吵闹下去呢？

徐志摩忍气出了家门。

陆小曼事后想起，那天徐志摩离开家门时，穿着的西裤腰间有个破洞。

婚后，他已鲜少买衣服了。

一个很在意外在形象的诗人，婚前的衣服总是最新的款式，婚后却要穿有破洞的旧衣服四处奔波。徐志摩大概从未想过，生活竟会如此艰辛吧。

11月15日 海宁 硖石镇 徐宅

回硖石老家住了2天。

这是徐志摩生前最后一次回到故乡。

徐志摩与陆小曼在上海的寓所

父亲看上去有些苍老了，见了徐志摩，还是不多言语，他们父子之间的隔阂，一直是因为徐志摩和张幼仪的离婚而没有释怀。

11月17日 上海 静安寺路

这是徐志摩生前最后一次见他的原配夫人张幼仪。

下午，徐志摩刚到上海，就走进了张幼仪开的云裳服装店。之前，张幼仪曾发现徐志摩的衣服上有破洞，就决定依照他的尺寸为他定做几件高档西装。

他是来问她为自己做的几件衬衫做好了没有。

还没坐一会儿，徐志摩就

上海云裳服装公司

急着想离开。

徐志摩告诉她,说要马上坐飞机赶回北平。

张幼仪忙问道,为什么这么急着赶去?然后,建议徐志摩不要再搭乘中国航空公司的飞机,因为不如外国公司的飞机安全。

徐志摩听后,孩子似的大笑道:"我不会有事的。"

事后,张幼仪才知道,徐志摩之所以着急赶回北平,是为参加由林徽因主讲的一场建筑艺术演讲会。

11月17日 上海 福熙路 四明村613号

离开云裳服装店,徐志摩拖着疲惫的身躯回到了福熙路四明村的家。

一进家门,看到陆小曼萎靡不振、吞云吐雾懒散的样子,十分不满,就唠叨了几句。陆小曼本来不高兴,心里正因没钱过奢华的生活而不好受,听徐志摩这么一唠叨,便大发雷霆。她随手抓起烟灯、烟枪就朝徐志摩清瘦的脸上掷过来,徐志摩本能地躲闪了一下,烟灯还是贴着额角打掉了他的金丝眼镜……

金丝眼镜摔到了地上,碎了。

似乎一切都碎了。

徐志摩隐隐感觉到,柔软的心,也裂了一些缝隙,泅出了血丝。

陆小曼以前也经常使性子,但像这样对他发狠地动手还是第一次。她这般发作、狠毒,使徐志摩伤心至极,并且绝望。

望着满地的碎片,想想连日来的奔波,再看看在鸦片的迷幻世界里沉醉的陆小曼,心灰意冷的徐志摩没有再说什么,默默地从地上捡起眼镜,黯然转身。

徐志摩一夜未归。

那夜的风,很冷。满天的星星,像冰花,闪着清冽之光。

11月18日 上海 福熙路 四明村613号

下午。徐志摩回家之后,看到陆小曼放在书桌上的一封信,读后悲愤交加却又气极无语,没和她说一句话,随便抓起一条上头有破洞的裤子穿上,提起平日出门的箱子就走。这一切,陆小曼和她母亲都看在眼里,却无法阻拦,只能眼睁睁地看着徐志摩愤然离家出走。

陆小曼信中到底写了什么，我们不得而知，大概是用过分刺激的语言，伤害了徐志摩。否则，他不会那么决绝地转身离去。

等候它唱，我们静着望，
怕惊了它，但它一展翅，
冲破浓密，化一朵彩云；
它飞了，不见了，没了——
像是春光，火焰，像是热情。

这是徐志摩写的《黄鹂》，在他名句迭出的诗里，这首诗其实并不那么脍炙人口，但在著名学者、哈佛大学教授李欧梵眼里却认为，徐志摩离世后，他的友人写了很多诗作来悼念他，但没有一首比得上徐志摩自己写的这首诗。因为这首诗浓聚了徐志摩像春光一样灿烂的短暂一生，诗里体现了他的热情气质，也象征了他在20世纪二三十年代文坛的地位，还藏着对令人痛心的飞机失事的谶言。

徐志摩从10月29日开始，就告诉朋友们，准备回南方一趟，朋友们开始为他陆续饯行，并就他回家事宜不断问询。在等待回家的过程中，徐志摩几乎见了北平所有的朋友，好似在与朋友们做最后的告别。

离开北平之前，徐志摩分别见到了刘半农、熊佛西、叶公超、许地山、冰心、凌叔华、吴其昌、陶孟和、沈性仁夫妇……

一个多月前，一个落叶纷纷、北风呼啸的晚上，徐志摩和熊佛西围着火炉，喝着清茶，在一起诉说衷肠。当时徐志摩说，往事如烟，最近颇想到前线去杀敌！恨不能战死在沙场上！他说，什么样的生活都经历过了，就是没有过战场上的生活。

徐志摩觉得死在战场上是诗人最好的归宿。

在和许地山告别时，徐志摩说："地山，我就要回南了呢。"许地山问道："什么时候再回到北平？"徐志摩用开玩笑的语气说道："那倒说不上，也许永远不再回来了。"

难道这是一个生命的谶语？

徐志摩前去凌叔华家，告诉她即将回到南方时，凌叔华给徐志摩看的她那个抄着他的一篇游记的本子，她戏题了一句"志摩先生千古"。徐志摩无意中看到，笑笑，说："哪能就千古了呢？"

这难道是一个人生命即将结束前的预兆？

徐志摩和陆小曼曾有过这样一段对话：

陆小曼："你准备怎么走呢？"

"坐火车。"徐志摩回答。

陆小曼担心地说道："你到南京还要看很多朋友，19日恐怕赶不到北平。"

"如果实在来不及，我就只好坐飞机了，我口袋里还揣着航空公司财务组主任保君建给我的免费飞机票呢。"徐志摩说。

陆小曼着急了："给你说了多少遍了，不许坐飞机。"

徐志摩说："你知道我多么喜欢飞啊，你看人家雪莱，死得多么风流。"

陆小曼用怪嗔的语气说道："你又瞎说。"

徐志摩笑了笑，缓了一口气，问道："你怕我死吗？"

陆小曼扫了徐志摩一眼，淡淡地说："怕什么！你死了，大不了我做风流寡妇。"

都说，是陆小曼的这句话，咒得徐志摩走向了不归之路，是这样的吗？谁能相信呢？

是否生命的长短与心灵的指引或暗示有关？我们活着的人始终难以破译，难以预知，难以解释。当这一天终于来临的时候，告别，就像盛宴的烛光最后的摇曳，已经不起一丝微风的吹拂。

是这样的吗？

11月18日下午 去南京的列车上

在去南京的火车上，徐志摩买了一张报纸，报纸上正好登载着北平戒严的消息。他心想：糟了，林徽因的讲演可能听不上了。转而，又想起，张学良或许正在南京,干脆搭乘他的福特专机去北平。

于是,徐志摩想下车后先到张歆海家去了解一下情况。

11月18日 南京 何竞武住宅

下了火车,出了站,徐志摩就直奔张歆海家去,可惜,张歆海夫妇和朋友到明孝陵灵谷寺去玩了。在金陵咖啡馆喝茶时,他想到了在硖石镇一起长大的同窗好友何竞武。于是,徐志摩到了何竞武家,将情况一说,何竞武告诉他:"张学良现在北平,他的飞机一时还到不了南京,你只好坐火车去了。"

何竞武家离飞机场比较近,故对张学良专机情况比较清楚。

飞机这条路断了,徐志摩急了,坐火车肯定不能准时赶到。正在沮丧时,他插在衣袋里的右手,突然触到一张硬纸片,拿出来一看,一阵惊喜。这才想起原来手上还有一张去年中国航空公司财务组主任保君建送给他的一张免费机票。于是,他说:"我明天搭乘邮件飞机,当天准能赶到北平。"

何竞武说:"邮件飞机明早八点起飞,我家离飞机场很近,今晚你就睡在这里吧。"

"好吧,那我晚上再到张歆海家去一趟。"徐志摩答应道。

11月18日 南京 三元巷

离开何竞武家后,徐志摩前往三元巷军法处看守所,探望蒋百里,与他商量卖屋一事。

当时的蒋百里,已是国内外知名的军事名家,曾担任过保定军校校长。蒋百里是梁启超的弟子。后来,是在他和张幼仪的二哥引荐下,徐志摩有幸结识了梁启超,并成为梁启超的入室弟子。

1929年初冬,蒋(介石)冯(玉祥)战争爆发,湘军唐生智起兵讨蒋。蒋百里

蒋百里

为其得意门生唐生智出谋划策,劝他仿效清代名将左宗棠向西北地区发展。但刚愎自用的唐生智没有采纳蒋百里这一战略,于同年12月5日通电全国,劝蒋介石"下野",同时出兵直指南京。次年1月,唐生智兵败逃往国外,3月,蒋百里被捕,先被禁于杭州西湖之蒋庄。后被押解到南京,关押在三元巷军法处的看守所待审,与邓演达、居正等同关一处。

一天,民国名记者陶菊隐正在看守所探望蒋百里,徐志摩突然闯了进来,将肩上的铺盖卷往凳子上一丢,说:"福叔,今天我就住这儿了,陪你一块坐牢!"当晚,他就在小屋里搭了个地铺,陪蒋百里住了一夜。

没料到,第二天,上海《新闻报》报道了这桩事。"徐志摩陪蒋百里坐牢"的新闻一传播,朝野震动。新月社的名流纷纷效仿南下,当时,流行一句口号"陪百里先生坐牢去",并成了时髦的事情。

徐志摩此次南下,主要的原因就是告知蒋百里,书画家陈定山已有意买下其位于上海国富门路的蒋宅。此前,蒋百里的夫人左梅对徐志摩说,丈夫被捕后断了经济收入,家中拮据,她拟将国富门路的私宅出售以救急,请徐志摩做中间人。作为一个文人,他起先是不想答应的,但他需要钱,他要有钱来满足陆小曼的巨大开支。徐志摩答应了,他知道,这件事做成后,会有一笔不薄的佣金。

当第二天蒋百里闻讯得知徐志摩不幸遇难的消息后,感伤不已。他在狱中写下:"口吟的手写的是志摩的文字,不是诗,他的诗是不自欺的生命换来的。"

11月18日 南京 杨杏佛住宅

傍晚六时半,徐志摩去曾任孙中山秘书的杨杏佛住处,想找他聊聊,并告知自己就要回北平了,可是杨杏佛外出

杨杏佛

没在家。徐志摩打开墨盒,抽出毛笔,给他留了一张纸条,上写:

"才到奉谒,未晤为怅,顷去湘眉处,明早飞北平,虑不获见。北平颇闻恐慌,急于去看看。杏佛兄安好。志摩。"

"虑不获见"这难道是徐志摩的第六感觉?

11月18日 南京 张歆海住宅

晚9点39分,徐志摩赶到了前妻张幼仪的哥哥张歆海家,不巧的是,他与妻子韩湘眉参加一个宴会还没回来,两个小孩子已经睡着了。徐志摩独自一个人坐在火炉前烤火、喝茶、吸烟、吃糖果。

此时,徐志摩肯定感到了孤独是一座落寞的城。

他肯定清楚,此次北去注定是孤独的。

他开始后悔和陆小曼争吵,后悔离家时太性急了,如果能带着她一起去北平,就不会有此时此地的孤寂了。

等了许久,还不见主人回来,徐志摩就给杨杏佛打去电话,把他召了来。

晚上10点多钟,张歆海夫妇回来了。

张歆海一见到徐志摩,就亲热地把他拥抱在了胸前。

韩湘眉注意到徐志摩穿着的西装裤子腰间有一个破洞,刚想问,他就自嘲地说,是临行仓促随便抓来穿上的。

大家又说了一阵笑话,突然,韩湘眉莫名其妙地问了一句:"志摩!明天会不会出事?"

徐志摩顽皮地伸出了右手掌说:"我的生命线特别长,不会出事的。"

韩湘眉又说:"志摩,说正经话,总是当心一点好,驾机的是中国人,还是外国人?"

张歆海

徐志摩回答："不知道，没关系，I always want to fly（总是要飞的）。"

韩湘眉又问："你这次乘飞机，小曼说什么没有？"

"她说我要出了事，她做风流寡妇！"

"凡是寡妇都风流。"杨杏佛打趣道。

说罢，大家都笑起来。

夜深了，他们才依依惜别。到了门口，徐志摩回过头来，像长兄似的在韩湘眉左颊上温柔地吻了一下。没想到这竟成了他们的永诀。

"志摩，一到北平，即刻来信，免得我们挂心！"韩湘眉叮嘱道。

"不出这星期就给你们写信！"

徐志摩挥挥手，让张歆海夫妇在大门前留步。

他坐进杨杏佛的汽车，喇叭一响，融入了夜色之中。

11月18日夜　何竞武住宅

这晚，徐志摩到了陇海铁路局局长何竞武的家中，和他进行了彻夜长谈，所谈内容我们已无处查询，但一定是陆小曼的问题。徐志摩一定是向他最信任的朋友诉苦的，而何竞武正是他过从甚密的同在浙江海宁硖石长大的同窗好友，而且，他的女儿何灵琰是徐志摩和陆小曼的干女儿。

也正因为如此，徐志摩遇难后，何竞武才坚决与陆小曼断绝了往来。

都说这天徐志摩急着回北平是为了参加林徽因在协和小礼堂的讲演，倘若不急着赶往北平，就不会乘坐邮政小飞机遇到大雾，继而飞机撞到济南北大山（时称开山）。也有人说，徐志摩是为陆小曼而死，因为在徐志摩离开陆小曼时，有过激烈的争吵，徐志摩是带着伤心和郁闷上路的。更有人说，徐志摩急匆匆地赶到北平，是为了在日寇步步逼近，东北局势危急，华北即将不保的国难时刻，欲与北大的教授们一起，表达出同仇敌忾的抗日信念。

1931年"九·一八"前夕，东北的火药味已经很浓。

其实，都知道，徐志摩的死，是谶语也无法破译的劫数。

还记得1926年4月19日徐志摩在《晨报副刊》上发表的《想飞》那篇散文吗？其中这样写道："是人没有不想飞的。老是在这地面上爬着够多厌烦，不说别的。飞出这圈子,飞出这圈子!到云端里去,到云端里去!……同时天上那一点子黑的已经迫近在我的头顶,形成了一架鸟形的机器,忽地机沿一侧,一球光直往下注,砰的一声炸响——炸碎了我在飞行中的幻想,青天里平添了几堆破碎的浮云。"

人生有太多的意外是不能占卜和预测的,更是难以把握和控制的。

一直觉得,徐志摩的死,是一次生命的涅槃,是纵身情海的殉难,是一次浪漫的飞扬。

就像一只以身殉歌的荆棘鸟,用生命祭奠着理想的悲怆。

11月19日 何竞武住宅

徐志摩一觉醒来,已近7点。

他手忙脚乱地洗漱完毕,同何竞武一起吃过早点,又匆匆给林徽因发了一个电报,告知下午3点准时到达北平南苑机场,请梁思成开车去接机,然后,提着行李箱就急匆匆往南京民航机场赶去。

徐志摩(第一排右四)与北大同人

在去机场的路上，徐志摩想起了半年前和沈从文、温源宁陪同梁思成一起在北京图书馆为养病半年的林徽因接风时的情景。当看到林徽因红光满面、神采奕奕的神态，甚是高兴；当林徽因问到徐志摩近来生活的时候，他却只有长叹。

徐志摩为了挣钱，满足陆小曼的消费，疲于奔命，跟一些朋友也疏远了，眼下正忙着为蒋百里出售上海的房子做中间人，想挣点跑腿钱，填补一下巨额开销的亏空，真是斯文扫地，这些他怎能给林徽因讲呢？

宴席结束后，徐志摩对林徽因说："过几天我回上海一趟，如果走前没有时间再来看你，今天就算给你辞行了。"

林徽因说："11月19日晚上，我在东单协和小礼堂，给外国使节讲中国建筑艺术。"

"那太好了，"徐志摩兴奋起来，"我一定如期赶回来，做你的忠实听众。"

"那天，你会在北平吗？"林徽因用她清亮的眼睛看着徐志摩，轻问道。

"就是在天涯海角，我也会插上翅膀飞到你的身边，聆听女建筑学家的英文演讲。"徐志摩笑着说道，神情是那么的率真。

11月19日　上海　福熙路　四明村613号

陆小曼想起昨日和徐志摩发生的争吵，想起他转身离去的伤心背影，她有些后悔了。

她平静下心来，给徐志摩写了一封忏悔信，信中说道：

"我没有再说话权了！我忍心么？我爱！你是不会怨我的亦绝不骂我的，我知道的！可是我自己明白了自己的错比你骂我还难受呢！我现在已经拿回那封信了，你饶我吧！忘记了那封被一时情感激出来的满无诚意的信吧！实在是因为我那天晚上叫娘骂得我心灰意懒的，仿佛我那时间犯了多大的罪似的，恨不能在上帝前洗了我的罪立刻死去。现在我再亦不会写那样的信给你了，就算是你疑我也不怨你，不过摩呀我的心！你非信我爱你的诚心，你要我用笔形容出来，是十支笔都写不出来的，摩呀！你要是亦疑心我或是想我是个Coquette

（意为卖弄风情的女人），那我真是连死都没有清白的路了，摩呀！今天先生这些话使我心痛得厉害，咳！难道说我这几个朋友还疑心我，还看不起我么？可是我近来自己亦好怕我自己……有时我竟觉得我心冷得如灰一样，对于无论何事都没有希望，只想每天胡乱地过去，精乏力尽后倒床就睡。我前年的样子又慢慢地回来了，我自己的本性又渐渐的躲起来了，他人所见的我——不是我本来的我了。摩呀，我本来的我恐怕只有你一人能得享受，或是永不再见人。"

书桌前的陆小曼

但这封忏悔信，徐志摩至死也没看到，也不会读到了，如果，徐志摩没离开上海的家，而是看到了陆小曼的这封信，他会怎么想呢？他是否会再次原谅她的任性？是否会继续宠爱她娇纵她？是否会改变主意不去北平而留下来呢？

我们依然不知。

我们只知，徐志摩最终得其所愿地飞往了他理想的境地："满载一船星辉，在星辉斑斓里放歌。"

此后，再无归时。

JINAN 济南故事

第四章

与济南的三面缘

我怀念满城的泉池,

它们在光芒下大声地说着光芒。

——泰戈尔

趵突泉旧影

1914年7月28日，第一次世界大战在欧洲爆发。这是一场非正义的、帝国主义争霸性质的掠夺战争，当时世界上许多国家都被卷入这场战争。1914年8月2日，德军入侵比利时和法国，把这两个国家，还包括后来的英国、塞尔维亚和门的内哥罗拖入到德俄冲突中，从而，整个西欧成了一个大战场。

这一年的夏天，徐志摩在浙江省立第一中学（现为浙江省杭州第四中学）毕业，考入北京大学预科班。

在即将跋涉千山万水远赴北平时，徐志摩的父亲却因在上海劳累过度，感冒了，并且腹泻胃疼不止。但身体不适的父亲徐申如，依然坚持亲自送儿子徐志摩赶往盛名已久的这所高等学府。

1914年8月22日15时，徐志摩和父亲乘坐的火车抵达了津浦铁路济南火车站。

当身着青布长衫、戴着金丝眼镜、头发梳得一丝不苟的青涩少年徐志摩走下闷热的车厢，抬头看见那座哥特式建筑风格的火车站时，徐志摩为它那高低错落、主次分明、砖石结构的具有巴洛克建筑风格的圆柱形拱顶，和那伸向蓝天、高达32米的钟楼的宏伟壮丽惊住了。

津浦铁路济南火车站由德国建筑师赫尔曼·菲舍尔（Hermann Fischer）设计，英、德两国出借款项，始建于1907年，1912年建成并投入使用。

从正面大门进去为候车大厅，平面方形，拱顶高约13米，上覆双坡瓦屋面。南北两墙上嵌以宽大的拱形高窗，镶彩色玻璃。在候车大厅的东边有一低矮的绿色球形穹顶，是售票室。

钟楼立面的螺旋排列的长窗、售票厅门楣上方的拱形大窗、屋顶瓦面下檐开出的三角形和半圆形上下交错的小天窗等，既为建筑物增添了曲线美，又增加了室内的光亮度。墙角参差的方形花岗岩石块、门外高高的基座台阶、窗前种植的墨绿松柏、棕褐围栏都使这座不大也不算太小的洋式老车站既有玲珑剔透感，又有厚重坚实的恒久性。

古罗马式圆顶下的四个圆形大时钟，报时的声音让人想起了教堂的钟声。

这座体现了欧洲中世纪宗教理念的建筑，在中国大城市中极为罕见，是远

津浦铁路济南火车站

东地区最著名的火车站,而世界上与之齐名的只有芬兰赫尔辛基火车站。

二战后,津浦铁路济南站曾被西德编制出版的旅行手册《远东旅行》列为远东第一站。后来,它还成为当时清华大学、同济大学建筑学教科书上的范例。1966年由电影演员于洋、史进、王蓓主演的电影《大浪淘沙》,曾在此取景拍摄。

与津浦铁路济南站相距数百米的南面,是1904年由德国人设计修建的胶济铁路济南火车站,两座颇具规模、均为欧式风格的车站近距离并存,这在中国大城市中极为罕见[①]。

在徐志摩第一次来济南的14年后,由林徽因设计、梁思成审定,建成于1928年的吉林西站,几乎完全模仿了津浦铁路济南站的建筑风格。它是东北第一条中国人自建铁路的火车站,曾用名吉海铁路总站、八百垧站、黄旗屯站,1985年改名为吉林西站。

吉林西站作为中西合璧的建筑物,它既富含中国传统建筑的底蕴,又有西

---

① 这段关于津浦铁路济南站的描述,是根据牛国栋先生的《济水之南》相关章节整理。

胶济铁路济南火车站

津浦铁路济南火车站与胶济铁路济南火车站的俯瞰图

吉林西站

方现代建筑的风格,堪称我国近代建筑史上的杰作之一。

刘德华主演的《天若有情之烽火佳人》和韩国明星张东健主演的《2009失去的记忆》等电影都曾在吉林西站取景拍摄。

因为这次是路过济南,徐志摩和父亲还要急着赶往北平,所以,只是在济南站周围逛了逛。但徐志摩心里一定想着,有机会再来一趟,走在"湖光山色与水清"的画面里一定是件很惬意的事情。

"家家泉水,户户垂杨。"

这座被一片澄碧的水色滋润的北方古城,到底潜流着多少清冽的泉水呢?

民国二十五年,有位叫倪锡英的散文家,曾写过一套"都市地理小丛书",他在其《济南》一书中这样写道:

人们走进济南城第一印象,便可以看见刘铁云所说的"家家泉水,户户垂杨",在沿着城墙内外的两条护城河里,一带清冽的泉水急急地自南向北流动着,而水清见底,那底里的长叶水草,受着水流的压力,也向北披靡着。傍水的人家,都是在石驳岸上建起他们的住家……

……大明湖上的景色,四时不同,因为它的水源是泉流的缘故,因此四时不涸,入冬不冰。在春季里,湖上的一抹绿柳,轻染着淡烟,远望去,好像一位垂帘的佳人,淡淡地施着新妆。艳阳普照着湖水,暖洋洋的,令人感着懒意。入夏以后,湖滨的荷花都盛开着,田田的荷叶长得满湖,轻舟在荷浪中逐过去,一缕沁人的香味,袭人心肺。到秋季里,荷花谢了,荷叶枯了,堤边的芦苇,探出雪白的须缨,把湖上点缀成素白一片。在那个时候,如果停舟在芦丛的旁边,静听着秋风吹来,芦叶们会发出一阵深长的叹息,那是很够诗意的。秋尽冬来,湖上便渐渐地萧索起来,树枝剩了一个赤胳膊,草儿枯了,湖滨的堤上,都盖着一层厚厚的白雪。这时候,一湖清冽的水,却显得格外可爱,像黄河、小清河都早就结了坚冰,而明湖上仍是一脉活流的水,在那水面上,发出熏蒸的热气来,这使人们差不多会忘掉了严冬的可畏,湖面上的景色,只是格外显得平远而清淡,好像倪高士的山水画一般。

徐志摩没有料到,9年后,他真的身临其境,并且,感受到了这座"潇洒

大明湖老照片

似江南"的泉城千般奇景、万种风情和说不尽的意蕴。

1922年10月,从欧洲留学归来的徐志摩,到上海后不久,就与刚刚相识的瞿菊农同赴北平。瞿菊农是瞿秋白的族叔,毕业于燕京大学,后获哈佛大学哲学博士学位,曾任清华、北大、北师大等校教授。

抵达北平之后,徐志摩与瞿菊农相处了几天,通过彼此交谈,从而成为挚友。

1923年4月中旬,正在中国大学任教的王统照,与瞿菊农等七八个"文学研究会"的朋友在中央公园的来今雨轩开会,会后照相时,徐志摩身穿一件青夹袍,手拿一根细手杖,右肩上斜挂着一个小摄影盒子,从松荫下走来。瞿菊农把徐志摩叫住,想请他加入拍照,他笑了笑,说了句:"Nonsense",就转身向北面跑去。当时,大家都笑了,觉得徐志摩颇有意趣,不一会儿,他转了一个圈,又回到他们谈话的中间。也就在这时,徐志摩认识了王统照。

后来,徐志摩也加入了有郑振铎、沈雁冰、叶绍钧、许地山、王统照、耿济之、郭绍虞、周作人、孙伏园、朱希祖、瞿世英、蒋百里、谢婉莹(冰心)、黄庐隐、朱自清、王鲁彦、夏丏尊、老舍、胡愈之、刘半农、刘大白、朱湘、彭家煌等人参加的"文学研究会"。

1922年10月14日,德国莱比锡大学教授、著名生物学家、生机主义哲学家杜里舒夫妇,应梁启超等人组织成立的"讲学社"邀请来中国讲学。其后,在上海、南京、武汉、北京、天津等地进行巡回演讲,济南是最后一站。

到济南这一站,已是1923年6月下旬。

陪同杜里舒到济南讲学的是对杜氏学说研究颇深的瞿菊农,他一路上充任翻译和记录工作,另外就是从欧洲留学归来的徐志摩、在中国大学任教的王统照,后两者,都是瞿菊农的挚友和文友。

一天,二人陪同杜里舒夫妇,游览了趵突泉、大明湖、千佛山等名胜古迹。

晚上9点多时,兴致不减的徐志摩问王统照,听说济南有一道特色的鲁菜叫"糖醋黄河鲤鱼",我们不妨去品尝一番?王统照欣然答应,带徐志摩去了

江家池

位于江家池街的德盛楼饭庄。

江家池街是条老青石板铺成的南北小巷，小巷不足百米，因巷内深处有一处江家池（天镜泉）名泉而得名。

江家池原是一处体现佛教"慈悲为怀，体念众生"理念的方形放生池，池内的泉水，约有二三米深，水面阔达二三百平方米，由石块垒砌而成的约一米高的护墙。泉池内有鱼数尾，其中多数是鲤鱼和鲫鱼，见人影，便伏而不动。

江家池内的泉水清澈见底，一串串珍珠一样的水泡，从绿绿的水草间不断地向上吐冒着，鱼儿也自由自在地在其间游来游去，一副悠然自得的安怡神态，给前来这里欣赏泉水和游鱼的人们一种清凉、静谧、安详的感觉。

据资料记载，明朝万历年间，山东提刑按察副使、曾任历城知县的张鹤鸣在游览过江家池后，触景生情，因其泉水清洁，纤尘不染，澈底可鉴，宛如一清明之镜，景物倒映，故将江家池改称为"天镜泉"。

老济南人之所以把天镜泉称为"江家池"，是因为明代该泉池的主人曾是一位叫江浚的名士，而且"江家池"这个泉名通俗、易懂、上口、好记，所以仍习惯叫它为"江家池"。

远在明末清初时，这条小巷就是卖凉粉、烧饼等小吃的市井之地。

清光绪二十一年（1895年），历城县遥墙人刘佩河等三人，出资百吊，租赁江家池北畔的原秦琼府拴马亭房屋，创办了德盛楼饭庄，经营地道的济南菜。为扩大营业面积，该饭庄将木桩打入泉池中，填石做基，改建了房屋，使饭庄半入池中，夏季凉爽，冬天温暖。

1927年，江家池另一家叫锦盛楼的饭庄，因经营不善，被德盛楼饭庄兼并。

新开张的德盛楼饭庄，在池北畔增建了两层的饭厅，顾客来到此地，登上楼来，凭窗俯视池内游鱼，一边品尝美味佳肴，一边谈古论今赋诗，心旷神怡，不亦乐乎。

据老人们讲，当年江家池里养的鱼，是专门供饭庄用的，都是每天早晨从泺口码头购来的头尾金黄、全身磷亮的黄河鲤鱼，然后，放入池中饲养，以吐尽腹中的黄河泥沙。

山东籍著名诗人臧克家曾在其《吃的方面二三事》一文中写道：

济南有个大馆子，里面有个大水池，当中养着条条鲤鱼，记得叫江家池。来这馆子吃饭的人，主要为了吃这池中的鱼。这种鲤鱼，有四只眼，很有名，叫作河鲤，产于黄河。点菜之后，厨师亲自将活蹦乱跳的刚出水的鱼拿到顾客面前打个照面，一会儿，摆到桌子上来的是一大碗，仿佛还加上了萝卜丝。味道极其鲜美，肉嫩，汤也好。

当头尾高翘、吱啦冒泡、呈跃龙门之状的糖醋鲤鱼盛入盘中，端到两人桌前时，徐志摩拿起筷了，不小心戳到了鱼身上，没料想到，长圆形盘子里的鲤鱼头却动了，鱼鳃张合起来，鱼嘴也张开了……

徐志摩惊奇道："还活着？"

王统照给他详细地介绍说，黄河鲤鱼的生命力很强，烹饪时，厨师要在极短的时间内去鳞、内脏、两腮，两面划百叶花刀，撒盐少许，外裹淀粉，然后，死死地捏住鱼头，将鱼身放入七成热的油锅里炸，滚油炸黄，一分钟后，捞起，放盘，再浇上事前烧好的一层琥珀似的糖醋汁，就可以上桌了。

徐志摩看着焦黄若金昂头翘尾的糖醋鲤鱼，感叹道："这太神奇了。"

王统照说："你尝尝，味道如何？"

徐志摩夹了一块鱼肉，放入嘴里，细品着，口味酸甜适口，随即点点头，笑道："外焦里嫩，香酥酸甜，鱼肉嫩美，的确是一道难得的美味。"

王统照

王统照觉得鲤鱼带些泥土的腥味，不怎么好吃。可徐志摩依然啧啧赞口道："大约是时候久了，若鲜的时候一定还可口！"

吃罢糖醋鲤鱼，他们二人离开德盛楼饭庄，走出江家池街。

快走到泺源桥（现西门桥）时，王统照提议到大明湖乘船赏月，欣赏一下大明湖的夜色。

徐志摩眼睛一亮，兴致又添。

过了泺源桥，往北，步行半个小时后，他们到了鹊华桥。

鹊华桥是一座不甚高的小石桥，横跨在百花洲与大明湖的接口处，如果是白天，登在桥顶上，向北遥望而去，就会隐约看到远处的鹊山和华不注山。

桥两侧，左右莲开，柳荫蔽月。

堤边的芦苇丛里，有萤火虫扑闪着朦胧的光影，忽高忽低地飞行着。

湖边的蒲草，在晚风里摇晃着，散发出浓郁的香气。

恍如仙境，隔绝尘世。

如是在白日，大明湖会是这样一番景色：湖光染碧，山岚设色，芦苇垂青，鸥凫鸭游，鸢飞鱼跃，荷花送香。登临北极庙，远望满城的楼阁均隐没在烟树之中。城外远山如黛，湖上舟船相接。尤其是四面环水的历下亭，浓荫蔽

老鹊华桥

日,花木幽深,芦苇绕水丛生,荷气袭帘微醺,凉风一吹,花落便成堆。

不知徐志摩是否记得济南诗人边贡的那首《七月四日泛湖次暮春佛寺韵》:

> 湖上扁舟寺里登,
> 水云如浪白层层。
> 横桥积雨斜仍断,
> 卧石临溪净可凭。

大明湖就是这样的所在,你会因为弥漫开来的湖光山色而心情淡泊,你会因为点缀其间的亭台楼阁而目不暇接,你会因为纤折行进的画舫而思绪遥远。

那溢满野趣的荷塘,那深卧湖中的渔舍,那静美的水村,那波浪的稻田……会让你在不经意中,勾起无边的乡愁,继而,心头一热。

多年以后,王统照在《悼志摩》一文中回忆道:

因为这一夜的月亮特别的清明,从城外跑到鹊华桥已是费了半个钟头,及至小船荡入芦苇荷盖的丛中去时已快近半夜。那时虚空中只有银月的清辉,湖上已没有很多的游人,间或从湖畔的楼上吹出一两声的笛韵,还有船板托着厚密的芦叶索索地响。志摩卧在船上仰看着疏星明月,口里随意说几句话,谁能知道这位诗人在那样的景物中想些什么?

明月倒影入湖心,扁舟如叶荡轻纱。
笛声吹过岸边苇,遥想杜甫游历下。

月光下,长长的柳丝在夜风中左右摇摆,像极了女孩子额前不安分的刘海儿,在夜幕下,这刘海儿不时将湖内的波影剪成支离破碎的好几段,断续的波光到岸边就变成了小小的波浪,轻轻地拍在湖岸,发出一声声的叹息,不知那时,徐志摩是否想起了李清照的那首《如梦令》?

常记溪亭日暮,沉醉不知归路。兴尽晚回舟,误入藕花深处。争渡,争渡,惊起一滩鸥鹭。

1923年,早春。印度诗人泰戈尔的英国籍学生、秘书恩厚之(Leonard Knight Elmhirst)来到北京大学,为1913年获得诺贝尔文学奖的、62岁的泰戈尔到中国讲学打"前站"。可惜,北京大学无法承担接待任务,于是,恩厚之又找到了讲学社成员瞿菊农和在北大英国文学系任教授的徐志摩。当时,徐志摩和瞿菊农闻听泰戈尔想来中国讲学,心里格外激动和兴奋,立马与梁启超等讲学社的各位成员商议,最后决定以讲学社的名义发出邀请电函,并商定由徐志摩担任泰戈尔讲演的翻译,王统照为讲演录的编辑。

不久,泰戈尔愉快地接受了邀请,决定来华访问。

其间,徐志摩与恩厚之结下了深厚的友谊。

1924年1月28日,恩厚之在给徐志摩的一封信里写道:"我从英国回到此地后,想伴他抄过西伯利亚到中国,管它危险不危险,但始终不曾走成。他见了你的来信,高兴得不得了,立刻要我去定三月中的船位,等定妥后再通知你。"

大明湖旧影

恩厚之在信里还特意指出:"他的计划是想一到上海,就去北京(约四月底),也许南京等处稍为停兜;因为他要先把南君安置在北京,让他接近相当的中国学者。"

1923年9月10日《小说月报》第14卷第9号刊登了徐志摩的《泰戈尔来华》一文:

泰戈尔在中国,不仅已得普遍的知名,竟是受普遍的景仰。问他爱念谁的英文诗,十余岁的小学生,就自信不疑地答说泰戈尔。在新诗界中,除了几位最有名神形毕肖的泰戈尔的私淑弟子以外,十首作品里至少有八九首是受他直接或间接的影响的。这是可惊的状况,一个外国的诗人,能有这样普及的引力。

现在他快到中国来了,在他青年的崇拜者听了,不消说,当然是最可喜的消息,他们不仅天天竖耳企踵地的盼望,就是他们梦里的颜色,我猜想,也一定多增了几分妩媚。现世界是个堕落沉寂的世界;我们往往要求一二伟大圣洁的人格,给我们精神的慰安时,每每不得已上溯已往的历史,与神化的学士艺才,结想象的因缘。哲士、诗人与艺术家,代表一民族一时代特具的天才;可怜华族,千年来只在精神穷窭中度活,真生命只是个追忆不全的梦境,真人格亦只似昏夜池水里的花草映影,在有无虚实之间,谁不想念春秋战国才智之盛,谁不永慕屈子之悲歌,司马之大声,李白之仙音;谁不长念庄生之逍遥,东坡之风流,渊明之冲淡?我每想及过去的光荣、不禁疑问现时人荒心死的现象,莫非是噩梦的虚景,否则何以我们民族的灵海中,曾经有过偌大的潮迹,如今何至于沉寂如此?孔陵前子贡手植的楷树,圣庙中孔子手植的桧树,如其传话是可信的,过了二千几百年,经了几度的灾劫,到现在还不时有新枝从旧根上生发;我们华族天才的活力,难道还不如此桧此楷?

……

1923年11月中旬,王统照接到徐志摩来信,告知济南报界的朋友,随后,济南的报纸报道了泰戈尔先生来华的消息,并刊载了泰戈尔先生给诗人徐志摩的来信。

1924年4月23日（星期三），津浦铁路济南火车站。

站台上，前来迎接泰戈尔一行的山东省教育厅第一科科长张伯和、女中校长邹少白、一师校长王祝晨、女职校长秦子明、竞进女小校长张步月、各

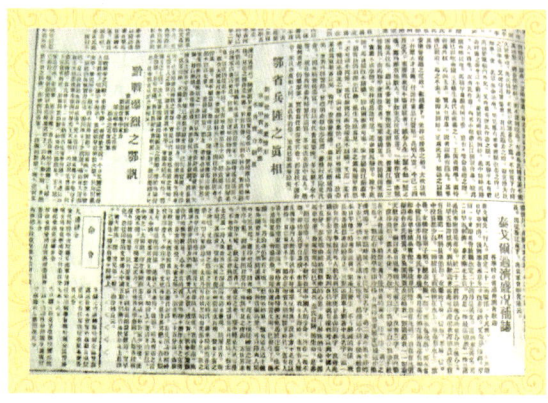

《大公报》报道泰戈尔来济之盛况

界社会名流、文化教育人士和佛教协会的僧侣代表以及闻讯慕名而来的男女学生，有200余人。

晚7点40分左右，随着一声汽笛长鸣，南京至济南的普通快车徐徐开进站台。这列快车挂有两节戴花包厢。待车停稳后，泰戈尔一行人在王统照和王祝晨两位先生的陪同下走出包厢。

身穿白素长褂，外罩棕红色拖地长衣、头戴红色软帽、银白发须随风拂动、面带笑容的泰戈尔出现在包厢门口。他双手合十，向站台上欢迎他的人群款款致意。

接着，欢迎的人群忽然发现在泰戈尔一行中还有玉树临风的徐志摩和飘然若仙的林徽音[①]。

随即，青年学生们顿然欢呼起来，场面热烈火爆，几近失控。

在众多人的簇拥下，他们一行好不容易出了火车站。徐志摩突然发现，笑盈盈地走着的泰戈尔先生突然收住了脚步，脸色低沉着，嘴唇在抖动，小声在喊"NO、NO、NO"。徐志摩见此，赶忙快步走到泰戈尔身边，向前面

[①] 林徽音即林徽因。林徽因最初在《新月》发表诗作就署名林徽音，在《学文》发表小说《九十九度中》仍署名徽音，只是当时"海派"男作家林徽音的姓名中有两个字与她相同，读者经常误认作同一人，1935年以后，她发表作品才改署"林徽因"，以免与林徽音混淆。

看去，只见在站台前面一字摆开的是一律蓝坎上衣、白色衣裤拉着车子的人力车夫，徐志摩赶紧拉着王祝晨先生，说："在上海也是碰到这情况，泰戈尔先生最怕看见人力车夫，赶快叫他们走。"徐志摩知道，泰戈尔先生极力反对这种人坐在上面别人拉他，他认为这是让人驼着他，这是残酷的、没有人道观念。

王祝晨校长急速把人力车调走，但临时又无他法，只好请他们步行半里地，暂时安排在了位于经一纬二路口处德国人开的石泰岩饭店。

石泰岩饭店，是由德国人石泰岩（Schidain）在济南经一纬二路口开办的首家西餐馆，于1904年胶济铁路全线通车之前开业。该饭店有前后两个院，前院是二层楼房，后院是平房。西餐以德式大菜为主，名菜有煎牛排、红炖牛肉、咖喱牛肉、铁扒鸡、鸡茸鲍鱼汤、牛尾汤等。饭店并非单纯的西餐馆，有时还会承办大型宴会。

石泰岩饭店还设有住宿房间，约四五十个床位。那时的一般旅馆，每天每间房租价为8角到1元，而这里的单间每夜需2元5角，双人房间每夜4元，另外设有洗澡间。

1929年石泰岩店主人回国后，继任者是一个名叫沙特（Schatt）的德国人。他有很好的烹饪技术，擅长做红肠、血肠、硝肉和腌制的火腿。

石泰岩饭店主要为驻济的外国人尤其是德国人服务，其设施较好且无军警查夜等烦扰，因此，有些走私的或来路不明的人，明知房价贵，也愿在这里下榻住宿。

中外名人和政要来济亦多住于此。

写过《拉贝日记》的德国商人约翰·拉贝，1937年9月初曾与妻子路过济南，被德国驻济领事馆安排住进这家石泰岩饭店。

1949年初春，柳亚子应毛泽东之邀，从香港启程进入解放区，共商建国大业。3月14日他们一行抵达济南参观，受到济南党政军各界的隆重欢迎。这次也是住在已改为市委招待所的石泰岩饭店。

林徽因、泰戈尔、徐志摩合影照

济南解放初期，该店曾做济南市市府招待所①。

第二天，济南的报纸上，出现了醒目的新闻大标题——《东方诗神偕同金童玉女抵济！》。

"世界著名长髯诗翁泰戈尔先生与长袍面瘦诗人徐志摩和艳如花的林徽音小姐如同松竹梅一幅动人的画卷……"

这天早餐后，王祝晨校长前去石泰岩饭店会见了泰戈尔先生，并一起商定在济南的日程安排。

完毕后，徐志摩对王祝晨校长充满歉意地说道："泰戈尔先生是伟大的人道主义者，昨晚是他又一次见到用人力车去接他，在上海也是用人力车去接他，使他非常不安，这一点事先忘却告诉你们，我向你们道歉。昨天一夜他又未得安宁，他在深夜里与我们谈了很多，他问我们，为什么在印度、中国这样贫穷国家里，为什么这样多的人力车夫，他说我没有能力去救他们，可我一看到他们我的泪就向心里流淌。"

王祝晨校长感谢他的坦诚与提醒，告别了徐志摩等人之后就回学校去了。

随后，山东省省长熊炳琦、教育厅厅长谢学霖、齐鲁大学校长巴慕德，济南文化界名流王墨仙、鞠思敏、于明信、刘冠三等人以及佛教界人士又纷纷前

---

① 关于石泰岩饭店的介绍，取自杨春吉先生《德商经营的石泰岩饭店》一文。

来石泰岩饭店登门拜望泰戈尔等人。

那天，徐志摩和王统照、瞿菊农、林徽因、于道泉等人一起，陪同泰戈尔到山东议会大厦做了《中印文化之交流》的演讲。

下午1点30分，徐志摩等人一起陪同泰戈尔步入了济南第一师范学校大礼堂，参加了"山东省市各界欢迎印度大诗人泰戈尔先生大会"，当时，座无虚席，礼堂内的走道、窗台上也都站满了慕名前来的各行各业的文学爱好者。

当泰戈尔一行出现时，大厅里爆发出雷鸣般的掌声和欢呼声。

王祝晨校长首先致了简短的欢迎词，随后，身着深色长袍马褂、鼻梁上戴着一副圆形金丝边无框眼镜的徐志摩，笑盈盈地走上讲台，他脱帽向大家鞠躬问好，说："我最亲爱的朋友们，山东是个好地方、济南是个好地方，今天一次到了两个好地方，能不高兴、不激动？"

徐志摩的优雅气质、诙谐话语、爽朗的笑声，一下子就把在场的所有人的情绪感染了，就像一根火柴，在他们的心头轻轻一触，立刻燃烧起来。

"今天站在你们面前的长者是我们日思夜想的伟大诗人、诺贝尔文学奖获得者泰戈尔先生，他是我们新的诗歌启蒙人、受苦受难者的歌颂者、热情赞美人民的使者，更是我的领路人、严师和长者。再说明一下，泰戈尔先生身体不太好，时时离不开药物，可他热爱中国，他是在众多亲朋好友反对下，摆脱了压在他身上所有重要工作，坚持来访问我们国家。他说过很多次，他从小就喜爱中国……泰戈尔先生在讲述中，你们会听到称呼你们是小孩子或说几句孟加拉语，那是泰戈尔先生的良好习惯，他爱青春和少年，所以他以羡慕的口气称呼青年人为小孩子们。他热爱母语，尊重母语，他永远告诫自己永远不能忘却祖国，祖国就是母亲。好，现在热烈欢迎我们最尊敬的印度加尔各答大学教授、博士，泰戈尔爵士为我们讲话。"

徐志摩翻译了泰戈尔的开场白：

"我的青年朋友们！很高兴，今天我们集会在这个美丽的泉水喷涌歌唱的地方……你们给予我真诚的欢迎，我感谢你们！"

那一天，徐志摩用诗一般的翻译语言，为泰戈尔的演讲增辉生色不少，听众听得如痴如醉。演讲持续至黄昏时分才结束。

在泰戈尔一行离开师范学校之前，徐志摩还应大家的要求朗诵了自己先前写给林徽因的一首诗《你走》：

你去，我也走，我们在此分手；
你上哪一条大路，你放心走，
你看那街灯一直亮到天边，
你只消跟这光明的直线！
你先走，我站在此地望着你，
放轻些脚步，别叫灰土扬起，
我要认清你远去的身影，
直到距离使我认你不分明，
再不然我就叫响你的名字，
不断地提醒你有我在这里，
为消解荒街与深晚的荒凉，
目送你归去……

随后，泰戈尔被齐鲁大学邀请到校一游，并在齐鲁大学康穆堂（今山东大学趵突泉校区内），做了《东西方文化之比较》演讲。

齐鲁大学，是近代山东新式高等教育的缩影。

齐鲁大学，是中国最早的大学之一，它比1898年成立的京师大学堂还早。

齐鲁大学全盛时期，老舍、钱穆、顾颉刚、栾调甫、马彦祥、吴金鼎、胡厚宣等学术名家先后在此执教。

透过黑白之间的照片，我们看到了古老宏伟的石坊校门，花园式校园里蜿蜒的长墙，青翠的树木，看到了古老的建筑群：办公楼、化学楼、物理楼、图书馆、神学楼及鸟瞰全市的最高建筑康穆堂。

当年的齐鲁大学学刊粗略地记载了泰戈尔演讲的内容："先生为吾人述其躬自创立之孟加拉国际大学，关于自由教育之种种方法，言之极详，其所举启

位于齐鲁大学校园中心的康穆堂

发人类天赋本能之教授法,尤令人钦佩。"

泰戈尔当时的演讲十分精彩,博得一阵阵的掌声。

徐志摩曾如是回忆那段陪伴泰戈尔的日子:

"他的心府不是堆积货品的栈房,他的辞令不是教科书的喇叭。他是灵活的泉水,一颗颗颤动的圆珠从他心里兢兢地泛登水面,都是生命的精液;他是瀑布的吼声,在白云间,青林中,石罅里,不住地欢响;他是百灵的歌声,他的欢欣、愤慨、响亮的谐音,弥漫在无际的晴空。但是他是倦了,终夜的狂歌已经耗尽了子规的精力,东方的曙色亦照出他点点的心血染红了蔷薇枝上的白露。"

泰戈尔在济南活动期间的一切非正式场合的谈话、休息间的闲谈、来访拜会等,都是由齐鲁大学教梵文的于道泉教授始终陪伴随行左右,其翻译工作也都是由他包办。他被泰戈尔视为中国之行唯一的知音,泰戈尔离开济南时,曾想带他去印度学习梵文和佛学,但因当时国内政治原因未能成行。

于道泉后到国立北平大学,任梵文教授钢和泰男爵的课堂翻译,并从其

于道泉

学习梵文、藏文、蒙文。1927年入历史语言研究所。1934年赴法国巴黎大学现代东方语言学院学习土耳其语、藏文文法、蒙文文法和民俗学。1938年赴英国伦敦大学东方与非洲学院讲授汉语、藏语和蒙语。他将100多首藏族民歌译成德文。1946年秋,他怀着一颗赤子之心,满腔报国之情,应北京大学校长胡适的邀请,毅然放弃国外优厚的待遇,日夜兼程,回到祖国,到北京大学东方语文系,担任蒙藏文教授,同时受聘于北京图书馆担任特藏部主任。

新中国成立后,由胡乔木亲自点名安排,于道泉筹办了中央人民广播电台的对藏广播,促进了西藏的和平解放,并与费孝通、季羡林一起,举办了数期藏语学习法,为中央培训了一大批援藏干部和专门人才。

1949年后,于道泉任北京大学文学院藏文教授,后随专业一起并入中央民族学院语文系,从事藏学人才的培养。

1954年,于道泉参与翻译《宪法》等五部大法为藏文的工作。其著作主要有《第六世达赖喇嘛仓央嘉措情歌》《藏汉对照拉萨口语词典》等。

泰戈尔离开济南后,怀念起秀美的景色,便给济南写下了一句诗:

我怀念满城的泉池,
它们在光芒下大声地说着光芒。

此次来济,徐志摩行色匆匆,没有闲暇仔细地游览济南,实为遗憾。
其间,徐志摩和林徽因烘云托月般陪伴在泰戈尔左右,形影不离;
其间,徐志摩和林徽因陪同泰戈尔参观佛教会和座谈会;

其间，徐志摩和林徽因陪同泰戈尔参加了王统照发起的文学艺术界欢迎泰戈尔来山东的聚会；

其间，徐志摩和林徽因陪同泰戈尔参加了与山东历史学家们共同研究印度文化与佛教在山东地区的意义与形态及佛事与佛教信徒座谈等活动；

其间，王统照对徐志摩说："有时间再来济南。"

徐志摩答应道："有时间一定会再晤济南。"

徐志摩对济南甚是喜欢，这座江北的泉水之都，在徐志摩的心目中，不亚于江南的苏杭之美。

济南的泉群太密集了，水流的声音太清越了。那一淙淙从沙砾中冒出的、从石缝里涌出的、从水面上升起的、从碧池里激荡的泉流，在阳光下好似蜜脂，似柳絮，在月光下又宛若珍珠、若碧玉。它们争先恐后地喷着，涌着，或逡巡于亭台，或大隐于市井。它们撒起欢来，似龙吟，如虎啸，气势如虹，令人惊叹，令人精神抖擞；它们优雅起来又像是脉脉含情的少女，一颦一笑都让你不禁为之倾倒，为之朝思暮想。它们星罗棋布，根脉相连，彼此密不可分，它们以清幽之貌、沁凉之姿驻留世间；它们又以叮咚之声，琴瑟之韵吸引着八方来客。

此后，徐志摩的足迹再没有踏上过济南，但徐志摩并没有和济南断了联系。当担任过山东大学校长的赵太侔，在1929年被任命为山东省省立实验剧院院长时，赵太侔曾聘请徐志摩和洪深、梁实秋等人一起任通讯导师，剧院就设在济南，徐志摩闻之后，非常高兴地接受了聘请。

1928年5月3日，日军以保护侨民为借口派兵进驻济南、青岛及胶济铁路沿线，准备用武力阻止国民革命军的北伐。

当国民革命军于5月1日克复济南后，日军遂于5月3日派兵侵入中国政府所设的山东交涉署，将交涉员蔡公时割去耳鼻，然后枪杀，将交涉署职员全部杀害，并进攻国民革命军驻地，在济南城内肆意焚掠屠杀。中国民众被焚杀死亡者，达17 000余人，受伤者2 000余人，被俘者5 000余人。同时，日军在济南大量扣留车辆，截断交通线路，并强占胶济沿线的行政机关对我国军民进行大肆屠杀，史称"五三惨案"。

徐志摩在当日的日记中悲愤地写道：这几天我生平第一次为了国事难受，固然第一年我在美国时，得到了"五四"的消息，曾经"感情激发不能自已"过，前年从欧洲回来，曾经十分"忧愁"过，但这回难受的情形有些不同……他们的态度，简直没有把我们当作"人"看待，且不说国家与主权，以及此外一切体面的字样，这还不是"欺人太甚"？有血性的谁能忍耐？

……

第五章

徐志摩与「济南号」

那天你翩翩地在空际云游,
自在,轻盈,你本不想停留
在天的那方或地的那角,
你的愉快是无拦阻的逍遥。

——徐志摩:《云游》节选

济南北大山上刻有"徐志摩遇难"的碑石

1931年11月19日　南京机场

蓝天，白云，万里晴空。

一架350匹马力的史汀生SM-1F型"济南号"邮政小飞机已停在了南京机场的跑道上。这架6座单叶9汽缸飞机，1929年由宁沪航空公司管理处从美国购入，每小时能飞140多公里，在两个月前刚刚换了新机器。

据相关资料介绍，中国航空公司成立时，有前中国航空公司和沪蓉航空线管理处移交给该公司的洛宁型和史汀生型小型飞机11架，每架飞机运载量只有700公斤左右。其中的史汀生型，也就是SM-1F，是1929年沪蓉航空线管理处成立后，先后从美国购置的。

斯时，几个机场的搬运工人正在往机上搬运邮包邮件等物品。

王贯一和副机师梁璧堂站在熟悉的"济南号"飞机旁，看着晴朗的天空，两个人会心地一笑，心情很是舒朗。同学的熟悉相知，多次飞行的经验积累，完成这次南京到北京的航运飞行任务，应该是轻松愉快的。

王贯一，1892年出生于山东德州平原县南宫庄一个大户人家，字昔吾。他自幼秉承祖训，熟读诗书，天资聪颖。1916年6月，王贯一在济南的山东陆军中校毕业后，以优异的成绩考入了中国四大军事名校之一的保定陆军军官学校，在步科五期四连学习，1918年9月毕业后，在民国边防第三师任连长。1920年3月，他被选拔升入中国历史上的第

与"济南号"同型号的飞机

当年中国航空公司登机牌和行李票

一所航空学校——南苑航空学校一期毕业生。因成绩优异,被选调保定航空学校任教官,后任直鲁豫巡阅使总司令部航空大队长,1926年7月,国民革命军誓师北伐组织北伐军航空总部,王贯一改任国民第三军航空队长讨逆军直隶航空司令部队长。1929年5月1日,中国航空公司在南京宣告成立,在航空部队中选拔优秀的飞行员,王贯一就和他在南苑航校第三期毕业的同学梁璧堂加入了中国航空公司任飞行师,成为中国第一代民用航空公司飞行员。

王贯一的副机师正是梁璧堂。

一位相熟的机场职员把徐志摩领到机旁,介绍给正机师王贯一。

"这位是保君建主任的朋友,徐志摩先生。"

保君建是徐志摩北大的同学,时任中国航空公司财务组主任。

王贯一脱下手套,忙上前与徐志摩热情地握手。

这时,从飞机驾驶舱里走下一个人,王贯一忙对徐志摩介绍道:"他是副机师梁璧堂。今天我们两个飞。"他又对梁璧堂说:"这位是北大教授徐志摩先生。今天,他搭我们的飞机去北平。"

梁璧堂向徐志摩鞠了一躬,徐志摩紧紧地握住他的手,含笑说道:"今天劳驾你们二位了。"

"徐先生别客气。"说着,梁璧堂又转过脸,对王贯一说:"我又仔细检查了一遍。一切正常。"

"好的。"王贯一满脸笑容,对徐志摩做了一个"请"的手势,说,"徐先生请上机吧。"

11月19日 南京机场

8时整,引擎轰鸣,螺旋桨飞旋,运载着40磅2 000多封信件的史汀生SM-1F型"济南号"飞机平稳地沿着跑道升向蓝天。

王贯一

飞机慢慢向上爬升，一种离开地面的畅爽从心底生出。

徐志摩靠着窗口，俯瞰渐渐后退、下沉、变小的原野和屋宇，心里想着："别了，杏佛、歆海、湘眉！"

飞机在云层中穿越，慢慢地，地面上的一切都看不见了，徐志摩觉得自己已经脱离了这个繁杂的世界，正向着自由的天际进发。

舷窗外，云彩把天空装扮成了一望无际的茫茫雪原。

你听它们的翅膀在半空中沙沙摇响，朵朵的卷云跳过来拥着它们的肩背，望着最光明的来处翩翩地、冉冉地、轻烟似的化出了你的视域，像云雀似的只留下一泻光明的骤雨……

11月19日 徐州机场

10时10分，史汀生SM-1F型"济南号"飞机降落在徐州机场。

这是徐志摩人生中最后驻足的地方。

徐志摩独自一人下机散步，就在他抬头朝骆驼山看去时，突然感到头痛，头里好像有几万根针在钻刺，两边太阳穴突突地跳，眼也有些发花了。徐志摩安慰自己，也许是连日来奔波劳累，加上睡眠不足，抽烟太多引起的。

胃里食物在翻腾着，有一种要呕吐的感觉。

徐志摩情绪凌乱了，精神委顿了，一点力气也没有了。

徐志摩渴望回家，渴望回到陆小曼的身边，此刻，陆小曼的泪眼又浮现在他的眼前。有陆小曼的身影、笑容、声音的家里，是温馨的，虽然有些争吵，有些不悦，但家里有舒适的安乐椅、热茶和书报，那里可以安顿自己疲累的身子和烦扰的心。

徐志摩走到候机休息室里，拿出纸笔写信："小曼，我现在徐州机场，飞机在加油、装物。我头痛得厉害，不想再飞了。我渴望回家，回到你的身边，喝一杯热茶，枕着你的臂安安稳稳地睡一大觉……"

徐志摩将信投入了邮筒，走出机场大厅。

寒风吹乱了徐志摩的头发，他不由得将大衣领子翻起。

天，明亮亮的一大片，蓝空白云交融在一起，淡淡的，明净的，柔和的。

"济南号"飞机停在机坪上。

"徐先生，油已加好，邮件也装上了，请上机吧。"王贯一对徐志摩招招手喊道。

"好！"徐志摩答应着。

11月19日 徐州机场

10时20分，史汀生SM-1F型"济南号"在徐州机场起飞。

飞机由副机师梁璧堂驾驶，王贯一同徐志摩一前一后坐着。

飞机重又在云层里穿来穿去。

11月19日 济南 长清

12点35分左右，"济南号"飞机飞到了济南长清，天空渐渐起了雾。

当徐志摩将目光投到机窗外起伏的山峦，眼前突然逼近了一座山峰。他看着云雾里的山峰，扑朔迷离。

就在这时，忽然一阵大风吹过来一大片密集的云雾，雹子大的雨点猛然扑向飞机，机身剧烈地颠簸起来。

梁璧堂连忙减速。

雾愈来愈浓，周围一片漆黑。

阴森，凄惨，恐怖。

浓雾弥漫，好像一个巨大的纱罩，把机身团团裹住，黏住。霎时间，难辨东西南北。

在那一瞬间，机上的三个人是否感觉到空气中的颤动，在呼啸地扑面而来？时间的碎片在剥落，光阴的翼翅在撕裂。

此时，油箱开始漏油。

但机内没一个人觉察到。

梁璧堂感觉眼前一片模糊，难以辨认航线，按照以往飞行的经验，他知道附近有一条铁路线，如果能看见铁道，就能继续飞行。于是，他想将操纵杆往下一压，降低飞行高度，寻找到那条大雾中的津浦铁路。

当王贯一感觉眼前有一团黑乎乎的庞然大物即将迎面扑过来时，他赶忙站起身来，扑向驾驶座。伸手将梁璧堂手中的操纵杆往上一抬，飞机猛地升起来，就在他准备继续将操纵杆往上一抬时，他感到那庞然大物在半空张开了魔爪，狰狞的面孔扭曲着，黑色的翅膀压下来，朝着机上三个年轻的生命喷出了浓烈的火舌……

霎时间，"济南号"像一颗带火的彗星，冲着北大山山顶撞上去。

砰的一声炸响，机身打着滚，坠落向半山腰。

机身爆炸、分裂，带着火星的碎片放射性地弹向半空。

有人这样说过，在天空终结的生命，如流星瞬间扫过天幕，一道完美的弧线，那是对绝对的爱和绝对的自由的最终诠释，只要曾经有过制高点，甘心一坠深渊，不会回首作别。

有人这样说过，徐志摩在青山之巅展翅飞翔，以腾空远去的方式，渐次打开身体，接受幻灭的洗礼、脱尘、永生。

山峰为茔，白雾为葬。

终与永世的荣光同在。

11月19日 济南 炒米店村

斯时，三个住在炒米店村的男孩子，同时听到了砰的一声震耳的爆炸声，接着，他们猛地抬头看去，就见北大山半山腰上，冒起了滚滚的浓烟和大火，燃烧着、翻滚着，迸射成一阵火雨……

这三个孩子，一个叫粟德明，一个叫井恩泉、还有一个叫苑景芝。他们看见村里的男女老少，冒着雨雾朝半山腰上跑去。

前来救援的人，越聚越多。

11月的济南，是冰冷的，潮湿的寒风将被火烧毁的邮件吹得满山坡都是，伴随着枯黄的落叶，一起在半空中静寂地飘着。

粟德明在罹难现场，看见了两个穿飞机服的都已烧得面目全非，后面还有一位穿呢子大衣和皮靴的年轻人，烧得轻一些，但是头上碰了一个大窟窿。

天空，又飘起了蒙蒙的细雨。

山坡上，落叶飘零。

津浦铁路（现为京沪铁路）上的炒米店车站

11月19日 济南 党家庄火车站

一名津浦铁路的路警，目睹了"济南号"飞机急速撞向北大山山头的惨状，机身破毁，滚落于半山腰上，然后，升起一大团黑烟和火焰。

他愣了一下，急忙跑回车站，联系到了站长。

站长立即拨通电话，通知了航空公司驻济办事处。

路警转身又赶到了飞机坠毁的地方。

津浦济南车站孙站长、警务段段长康子馨及税部驻站办公室主任关世廉等人随之前往。

中国航空公司驻济办事所主任朱风藻也前往查看，并立即打电报至上海公司，派飞行师安利生乘机前往出事地点，调查出事真相，办理善后事宜。

11月19日 济南 北大山

附近的村民赶来了。

那位铁路路警赶来了。

苑景芝、粟德明和井恩泉也随着救援的人群赶来了。

天空，依然下着霏霏细雨。凄冷。

北大山，被雾困绕着。

人们眼前的景象惨不忍睹：四溢的机油，依然在燃烧着，除了残损的飞机外，两个开飞机的都已烧得焦黑，另一个身穿西装、皮靴的人，烧得轻一些，皮肤有一部分的伤，左臂折断，左腿折碎，门牙亦已脱落。额头被碰了一个大窟窿。

山坡上到处散落着被烧毁的信件、报纸、包裹及落入石缝间的银元……

"济南号"飞机已被烧成了扭曲的机架。

11月19日 济南 北大山

前来救援的人们，小心地把徐志摩的遗体移到了附近一个铁路涵洞里。

三具遗骸，以及徐志摩的皮箱。

皮箱里的铁匣里放着陆小曼那幅气韵淡远的设色山水画卷，纵40厘米，横251厘米。卷末有邓以蛰、胡适、杨杏佛、贺天健、梁鼎铭、陈蝶野等人的题字。这幅长卷山水是邓以蛰亲自装裱的。

铁匣子静静地躺在山脚下的碎石乱草丛中……

这幅山水长卷，是1931年春夏之交，在徐志摩的鼓励下，陆小曼绘制的。对于陆小曼，徐志摩寄予无限厚望，为了鼓励陆小曼投身绘画，他带着这幅长卷四处请人题跋。他原本想把这幅长卷带到北京，请北京的一些朋友

据当地居民介绍，徐志摩所乘坐的飞机在此坠毁。

徐志摩遇难时乘坐的"济南号"飞机上的机舱隔板（现由山东文学馆收藏）

陆小曼设色山水图卷（局部）

对陆小曼的画作进行鉴赏指导,以期激发陆小曼更浓厚的创作兴趣。没料到,竟成了徐志摩唯一的遗物……

陆小曼在临终前,将此图卷托付给表妹夫、古建筑园林专家陈从周(陈妻蒋定之的舅舅是徐志摩的父亲徐申如)保存。20世纪60年代,陈从周将此长卷捐赠给浙江省博物馆。1979年,陈从周再次见到陆小曼的山水长卷,十分感慨,在卷尾题道:"此小曼早岁之作品,志摩于一九三一年夏带至北京征题,旋复携沪以示小曼。是岁冬,志摩去北京坠机,箧中仍以此卷自随。历劫之物,良足念也。从周记。"

2016年8月9日,由济南前去杭州参加徐志摩纪念馆开馆仪式的李炳锋、陈忠、王任、吴文峰,在罗烈洪、张云鹏陪同下到杭州的浙江省博物馆武林馆区三楼书画厅,看到了陆小曼这幅创作于1931年春天,笔墨丰润、气韵淡远、自成一格的设色山水画卷。

人亡画却在,留给人间的是一段令人怆然泪下的故事。

浙江省博物馆展出的陆小曼设色山水图卷

11月19日 上海 福熙路 四明村613号

12点左右,陆小曼正在家中无聊地翻阅着一本杂志,突然,悬挂在家中客厅的一只镶有徐志摩照片的镜框,就像被一只无形的手,猛地扯了一下,然后,重重地摔落在地上。

玻璃碎片散落在徐志摩的照片上。

陆小曼预感到这是不祥之兆,嘴上不说,心跳得特别厉害。

但她极力平息着内心的不安,她安慰自己,志摩坐过那么多次飞机,怎么会出意外呢?不会的,不会的……

11月19日 北平 南苑机场

下午3点。

梁思成驱车到南苑机场。

来机场前,林徽因对梁思成说:"志摩这人向来不失信,他说要赶回来听我的讲座,一定会来的。"

但是,梁思成一直等到了下午四点半,仍不见"济南号"飞机的踪影,梁思成只好驱车返回。

林徽因得知飞机没有按时抵达,便预感到事情不妙,立即打电话告知胡适,请胡适设法打听飞机动向。

11月19日 北平 东单 协和小礼堂

灯火辉煌,座无虚席。

十几个国家的驻华使节和专业人员济济一堂,前来聆听林徽因的中国古典建筑美学讲座。

当穿着珍珠白色毛衣、深咖啡色呢裙的林徽因轻盈地走上讲台时,所有听众的眼前都为之一亮。这位27岁的中国第一代女建筑学家的风度和美丽,让他们顿生惊羡之感。

林徽因用她那一口标准的牛津音做了开场白:"女士们,先生们!建筑是全世界的语言,当你踏上一块陌生的国土的时候,也许首先和你对话的,是这块土地上的建筑。它会以一个民族所特有的风格,向你讲述这个民族的历史,

协和小礼堂

讲述这个国家所特有的美的精神,它比写在史书上的形象更真实,更具有文化内涵,带着爱的情感,走进你的心灵。"

精彩的开场白,立刻引来一阵热烈的掌声。

林徽因娓娓而谈:"漫长的人类文明历程,多少悲壮的历史情景,梦幻一般远逝,而在自然与社会的时空演变中,建筑文化却顽强地挽住了历史的精神气质和意蕴,它那统一的空间组合、比例尺度、色彩和质感的美的形态,透视出时代、社会、国家和民族的政治、哲学、宗教、伦理、民俗等意识形态的内涵,我们不妨先看北平的宫室建筑。"

林徽因停顿了一下,下意识地用目光扫视全场,没有她所期待的那张面孔。

在讲演中,林徽因的目光,一直不停地望着门口。

她期待那个身影的出现。

彼时,她不知道,徐志摩再也不会活生生地出现在她的眼前了。

11月19日 济南

晚,8点。中国航空公司驻济办事处向中国航空公司各站及办事处发无线电报告:据津浦路局消息,飞机一架跌毁,司机乘客生死不明,探明再告。

11月20日　北平　米粮库胡同4号

一大早，当胡适看到《北平晨报》登载的中国航空公司飞机坠毁的消息后，猜测徐志摩可能已遇难身亡。随后，他立即借中基会任鸿隽的汽车赶到中国航空公司前往询问。

11月20日　上海　福熙路　四明村613号

徐宅。

早，南京航空公司保君建来到徐家，想给重病卧床的陆小曼告知徐志摩在济南遇难的消息。

陆小曼无法接受这样的事实，她不相信这是真的。

她歇斯底里地将前来报信的保君建拦在了门外。

保君建转而告知陆小曼的母亲。

等保君建走后，得知徐志摩遇难的消息，陆小曼真的惊呆了。

隐痛在胸中抽搐。

她当即昏厥过去……

11月20日　北平　中国航空公司北平办事处

"济南号"飞机师王贯一15岁的儿子王金海一大早，从德州急匆匆赶到北平，又急火火地找到中国航空公司北平办事处，想探寻其父的情况。

11月20日　北平　南苑机场

王贯一的父亲王朝臣和孙子王金海分手后，也随之赶到北平南苑机场，探听其子的生死状况。

11月20日　济南　中国航空公司驻济办事所

一早，中国航空驻济办事所主任朱凤藻派机械员白相臣开赴开山，将徐志摩及飞机师王贯一、副机师梁璧堂的尸首用酒精擦洗干净，派工友抬到党家庄车站，准备入殓。

11月20日　北平　中国航空公司北平办事处

上午，十点半。

办事处主任林斯高正在接受《北平晨报》一个记者的采访，北大教授胡适仓皇外入,还未站稳,就急匆匆问林斯高:"今晨披阅《北平晨报》,见贵公司飞机失事,甚为焦念,因余昨夜接友人由京来电,称昨日即搭济南号来平,深恐其惨遭不幸,故特来贵处相询,不知能以乘客之姓名告知否?"

没等林斯高回答,《北平晨报》的记者就问胡适的朋友姓名。

胡适忙答道:"徐志摩昨电梁思成君,请于昨日乘京平飞机来平也。"

林斯高闻胡适提到徐志摩的姓名,便告知:"昨日敝处曾接京站代发乘客电报一件,系致西总布胡同梁宅,末署名'摩'字。如君言,恐系徐君矣。"

胡适沉默片刻,惨然道:"志摩其殆矣。此君遭此其祸,实吾国文艺界之一大损失也。"

随即,嘱咐办事处代他致电山东教育厅何思源厅长,托他为徐志摩料理后事,然后,称谢而去。

林斯高将"济南号"飞机失事的情况给《北平晨报》的记者介绍完后,便给济南办事处发去电报,将胡适的嘱托告之,片刻,济南办事处发回电报,说何思源厅长已赴南京,出席四全会,电报无法投递。

11月20日 北平 米粮库胡同4号

中午时,张莫若、陈雪屏、孙大雨、钱端升、张慰慈、饶孟侃等人都来到胡适家中打听情况,电话铃声响个不停。

胡适回来了。他沉痛地告诉大家,南京公司已回电,证实出事的是徐志摩搭乘的"济南号"飞机,南京公司今天早晨已派美籍飞行师安利生赶往出事地点,调查事实真相。

怀有身孕的林徽因觉得两眼一黑,昏倒在椅子上。

下午,《北平晨报》又发了号外:

诗人徐志摩惨祸

前日北上飞机之牺牲者

【济南二十日下午五时四十分本报专电】京平航空驻济办事所主任朱凤

《北平晨报》刊发徐志摩遇难消息

藻，二十日早派机械员白相臣赴党家庄开山，将遇难飞机师王贯一、机械员梁壁堂、乘客徐志摩三人尸体洗净，运至党家庄，函省府拨车一辆运济，以便入棺后运平……徐为中国著名文学家，其友人胡适由北平来电托教育厅厅长何思源代办善后，但何在京出席四全会未回。

聚集在胡适家中的梁思成、林徽因、张奚若、陈雪屏、钱端升、张慰慈、陶孟和、傅斯年等人，看到这份号外，相对凄婉。

张奚若恸哭失声。

林徽因潸然泪下。

梁思成握住她的手，说："徽徽，这是意外，不是你的错。"

少顷，他接着说："就算志摩预先能知道飞机要出事，他答应了你的，他也还是会赶来的。"

听完这一句，林徽因的眼泪，刹那间决堤，眉头紧紧皱起，倒在梁思成的怀里哭出声来。

11月20日　上海　福熙路　四明村613号

下午，穿着一袭素色旗袍的王映霞和丈夫郁达夫，神情悲伤地走进了徐志摩和陆小曼的住所。

陆小曼的母亲，赶忙迎上前，一脸的忧愁。

穿着一身黑色丧服，头上包着一方黑纱的陆小曼，此时正万分悲伤地半躺在长沙发上，看上去十分疲劳。

陆小曼见王映霞和郁达夫走进来，没有起身，只是挥了挥右手，算是打过招呼了。

一阵长时间的沉默。空气仿佛凝固了一般。

看着蓬头散发、气若游丝的陆小曼，王映霞恍惚觉得，陆小曼一下子老了许多。

一片泛黄的树叶，悄悄地飘落在门前的石阶上。

郁达夫与妻子王映霞

11月20日 青岛 杨振声寓所

夜晚，11点，杨振声寓所。

杨振声是青岛最先得知徐志摩遇难消息的，这晚，他接到了济南何思源厅长的电报，电文很简略，只是说："志摩乘飞机在开山失事，速示其沪寓地址。"看后，杨振声很是愕然，他忙写了一个纸条，派人到住在鱼山路4号的梁实秋的寓所。条子上写："请示知志摩沪寓地址。"梁实秋见条后，便在条子上写明了徐志摩在上海的地址。

这夜，杨振声难以入眠。

他想到了夏天和徐志摩在北平中山公园后池子边上畅谈的情景，想到了那晚的月亮、那晚的紫藤、那晚的路灯……

他想到了徐志摩给他留下的那句话："飞机过济南，我在天空望你们，等着，看我向你们招手吧。"

11月20日 上海 海格路范园650A号

张幼仪住宅。

半夜时分，刚从朋友家打麻将回到家

曾任国立青岛大学校长的杨振声

入睡的张幼仪，就被一阵急促的敲门声惊醒。

推门进来的用人告诉她："大门口有位中国银行的先生要见你。"

张幼仪赶忙穿上衣服，到了饭厅。

那位中国银行的先生手里拿着一份电报，见张幼仪进来，立刻将电报递给她。张幼仪请那位先生坐下，然后，看到了电报上的内容：徐志摩因飞机失事，已在济南开山身亡！

张幼仪整个身子不由自主地向后退了几步，脑子瞬间一片空白。

那位中国银行的先生说他去过陆小曼的家，可是陆小曼不收这电报，并说徐志摩的死讯不是真的并拒绝认领他的尸体。

当张幼仪听到这话时，非常生气，她为徐志摩感到愤愤不平——徐志摩那么爱陆小曼，可是她竟然不肯认领徐志摩的尸体。

其实，当时陆小曼听到这噩耗，只是不相信这是事实，用拒绝认尸来拒绝这残酷的事实。当她清醒过来之后，就立即安排翁瑞午赶往济南，帮着料理徐志摩的后事。

张幼仪在心痛之极时，并没有倒下去，也没有不知所措，她分寸不乱，默默地为徐志摩这个曾经的丈夫尽着最后的一片心意。

她先是安排八弟张嘉铸陪13岁的儿子徐积锴一道去济南收尸，她对儿子徐积锴说："你爸爸上天了，快随你舅舅去接灵吧！"然后，自己赶往硖石镇，将这不幸的消息告诉徐志摩的父亲，接着，开始有条不紊地准备起丧葬事宜。

这就是曾经被徐志摩伤害过的发妻张幼仪！此时，谁是最爱徐志摩的女人，徐志摩的在天之灵肯定会知道的。

是的，真爱不需要表白和承诺。

11月21日 北平

胡适电报于齐鲁大学校长朱经农，请他照料徐志摩的后事。

济南号失事

徐志摩遇难

【本报济南电】京平航空驻济办事所主任朱风藻二十日派机械员白相臣赴党家庄开山,将遇难司机王贯一、梁璧堂、乘客徐志摩三人尸体洗净,运至党家庄,函省府,拨车一辆运济,以便入棺后运平,至烧毁飞机为济南号,即由党家庄运京。徐为中国著名文学家,其家属由平来电,托教厅长何思源代办善后,但何在京出席四全会尚未回。

《民国日报》1931年11月21日第2版

11月21日 济南

中午,1点。中国航空公司驻济办事所主任朱风藻、济南站机械师白先权和津浦路车务所长孙景容一起,陪同"济南号"飞机机师王贯一的父亲王朝臣(当时居住在济南城外后坡街的一座二层楼上)、五叔王振卿、妻子王曹氏、儿子王金海、女儿王金娥及工友二十余人,备好两具棺材和两套寿衣,由济南站乘坐火车,抵达党家庄火车站。

下车后,王贯一的家属看到他的尸体已烧得体无完肤,痛不欲生,号啕大哭。

王贯一的女儿王金娥(左)与丈夫王振华

家人将王贯一的尸体收殓后,晚9点,随"济南号"飞机残碎机架,一同运回济南。

11月21日 北平 火车站

下午5点15分,北京大学教授张慰慈、清华大学教授张奚若和营造社主任梁思成,赶到北平火车站,准备乘坐快车赶赴济南,收敛徐志摩的遗骸。

胡适因过度悲伤,身体不适,未能同行。

徐志摩的生前友好正在搜集其遗著,准备从速刊印,广为流传,以此纪念。

11月21日 天津 火车站

日本侵占东北的"九一八"事变之后,徐志摩的两个姨表兄弟吴其昌和吴世昌做了一件震惊全国的"合门绝食"事件。吴其昌在国难日深之际,对政府不抗日感到忧愤,寝食难安,毅然于1931年11月20日起,与妻子诸湘以及弟弟、燕京大学学生吴世昌一同绝食,要求抗日,从北京到南京,先后向张学良与蒋介石请愿,并哭谒中山陵。

彼时,吴其昌和妻子诸湘、弟弟吴世昌因没赶上火车,正在天津火车站的待车室等着。

吴其昌的妻子诸湘已经饿得动弹不得,歪坐在太师椅上。

少顷,吴其昌说出去买信纸信封,一会就回来。

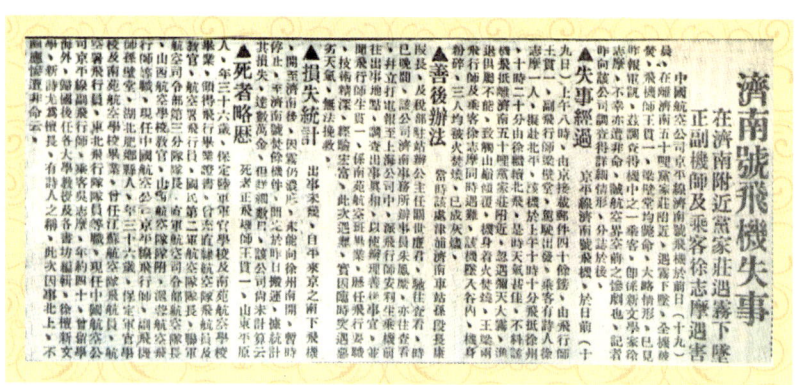

徐志摩遇难报道

吴世昌双手插在大氅的口袋里，一步踏一块方砖地在屋子里来回走着。

不一会儿，就见吴其昌从外面买回来一大摞报纸，脸色惨暗得可怕，一推门进来，就冲着妻子诸湘和弟弟吴世昌大声嚷道："志摩死了！志摩死了！"

吴世昌直视着哥哥的脸，好像被一声霹雳震住了，他在怀疑自己是不是听错了，颤抖着枯唇喊道："那不能！"

"是的，"吴其昌将手里的报纸拿出一张递给吴世昌，说，"济南号飞机里烧死的！"

吴世昌眼睛一眨不眨地看着报上的快讯，胃绞痛起来。

济南号飞机失事

在济南附近党家庄遇雾下坠

正副机师及乘客徐志摩遇害

中国航空公司京平线济南号飞机前日（十九）晨，在离济南五十里党家庄附近，遇雾下坠，全机被焚，飞机师王贯一、梁璧堂均毙命。大略情形，已见昨报电讯。兹调查得，机中之一乘客，即系新文学家徐志摩，不幸亦遭非命。诚航空界空前之惨剧也。记者昨向该公司调查得详细情形，分志于后。

▲**失事经过** 京平线济南号飞机，于日前（十九日）上午八时，由京接载邮件四十余磅，由飞机师王贯一，副飞行师梁璧堂，驾驭出发，乘客有诗人徐志摩一人，拟赴北平。该机于上午十时十分飞抵徐州，十时二十分由徐继续北飞，是时天气甚佳，不料该机飞抵离济南五十里党家庄附近，忽遇弥天大雾，进退俱属不能，致触山巅倾覆，机身着火焚烧，王、梁两飞行师及乘客徐志摩同时遇难。该机坠入谷内，机身粉碎，三人均遇难。

▲**善后办法** 当时该处津浦济南车站孙段长、康段长，及税部驻站办公主任关世廉君，驰往查看，时已晚间。该公司济南事务所主任朱风藻亦往查看，并立打电报至上海公司，派飞行师安利生乘机前往出事地点，调查出事真相，以便办理善后事宜。并闻飞行师王贯一系南苑航空班毕业，历任飞行要职，技

术精深，经验宏富，此次遇难，实因临时突遇恶劣天气，无法挽救。

▲**损失统计** 出事未几，自平来京之南下飞机，开至济南后，因雾仍浓厚，未能向徐州南开，暂时停止。至济南号焚余机件，闻定于昨日搬运。据统计其损失，达数万金，但详细数目，该公司尚未计算云。

▲**死者略历** 死者正飞机师王贯一，山东平原人，保定陆军军官学校及南苑航空学校毕业，领得飞行毕业证书，曾充直隶航空队飞航员及教官，航空署飞行员，国民第二军航空队队长，联军航空司令部第三分队队长，直军航空司令部航空队长，山西航空学校教官，沪蓉航空飞行师等职，现任中国航空公司京平线飞行师。副飞机师梁璧堂，河北肥乡县人，年三十六岁，保定军官学校及南苑航空学校毕业，曾任江苏航空队飞航员，航空署飞行员，东北飞行队队员等职，现任中国航空公司京平线副飞行师。乘客徐志摩，年约四十，曾留学海外，归国后任各大学教授、各书坊编辑，徐擅新文学，新诗尤为擅长，有诗人之称，此次因事北上，不图应惨遭非命云。

▲**昨日停航** 济南号肇事后，公司方面以昨日济南附近重雾未散、为求旅客安全起见，故于昨日停航一日。如今日云散雾消，则仍照常飞驶云。

11月21日 青岛 黄县路7号

课毕，梁实秋来到杨振生的校长办公室，王秘书在外间办公，面对着窗外，梁实秋没和他打招呼，一直冲进内间。杨振生没有像往日那样笑脸相迎，脸色很严肃，坐在转椅上发愣。过了一会儿，他对梁实秋说："你知道了吗？志摩死啦！"

这真是晴天霹雳，梁实秋怔住了。

少顷，青岛大学文学院的闻一多、赵太侔、沈从文等人就聚在了校长办公室。

校长办公桌上，放着两份电报，其中一份是山东省教育厅厅长何思源发来的："志摩乘飞机在开山失事，速示其沪寓地址。" 另一份是来自北平的急电："志摩乘飞机于济南时遇难。奚若、龙荪、思成等拟乘车于二十二日早到济南，于齐鲁大学朱经农先生处会齐。"

霎时间，空气仿佛凝固住了一般。

闻一多、赵大作、沈从文僵硬地坐在那里，脸上的表情也是僵硬的，像沉默的岩石。

尤其是被徐志摩提携的朋友沈从文，更不能接受悲惨的、可怖的、残酷的不幸。这不是真的，这怎么可能是真的呢？

坐在一旁的闻一多，拿出海泡石大烟斗，慢慢装上烟丝，点着火。吞吐几下，然后，沉缓地说了一句："没有了徐志摩，闻一多孤独了。"

一阵沉寂之后，大家才商量应该做些什么。

沈从文缓缓地站起身来，声音低沉地说道："我今晚搭夜车去济南看看，到了那里，我随时向你们报告那边的情况。"

11月21日 济南

中国银行济南分行经理何象百接到上海方面中国银行总裁张嘉璈（徐志摩原配夫人张幼仪的四哥）来电后，即委派职员陈先生置备棺木，带人乘汽车赴党家庄，将徐志摩收尸装棺。

11月21日 上海 凌叔华家

傍晚时分，陶孟和与夫人沈性仁以及方令儒、张奚若夫人，先后来到凌叔华家中，张奚若夫人垂泪而言："我们这一群人里怎么能缺少他呢？"

沈性仁黯然道："这都是造化的安排！"

陶孟和脸上一直流着泪水，想起徐志摩南飞的前一天，他们畅谈了三个多小时的情景，他一直没有摆脱内心的哀伤。

11月21日 青岛 火车站

晚上，一个穿长衫的年轻男人匆忙出现在青岛火车站，他踏上稍有些残雪的石头台阶，直接来到售票柜台前，买了一张去济南的车票。

在车站德式钟楼下面的这个灯光昏暗的大厅，没人认识这个看上去神色有些恍惚的年轻男人，也没有人注意到他的举止。只见他拿了车票，就急忙去了站台，登上了去济南的夜车。

青岛老火车站

这个人,就是在青岛大学中文系教书的沈从文。

沈从文一向受知于徐志摩。徐志摩是他人生道路的伯乐,也是他"平生风义兼师友"的知己。是徐志摩从《晨报副刊》的大量来稿中发现了他的才华,大量刊发他的文章,使他有了较为稳定的一点稿费收入,解了他生计上的燃眉之急。是徐志摩约他做《新月杂志》的长期撰稿人,以至最后沈从文被介绍到青岛大学教国文,都是徐志摩的帮助推荐。所以,徐志摩的死讯给他的打击是最沉重的。

11月21日 济南 长清

晚,9点。齐鲁大学校长朱经农、中国银行济南分行经理何象百等人,将暂时存放在山下铁路桥涵洞里徐志摩的尸体收殓入棺,运往济南,灵柩停放在寿佛寺。

王贯一家属,拟将王贯一灵柩运往德州平原原籍安葬。

梁璧堂灵柩暂停车站。因其原籍在河北肥乡,电报难以送达乡间,家属尚不知遇难之事。京平航空驻济办事所主任朱风藻已电北平公司,派人赶赴肥乡通知其家属,前来搬运灵柩。

11月22日 从北平开往济南的列车上

黎明时分。

与徐志摩、闻一多等人在《北平晨报》创办《诗镌》的于赓虞，正坐在津浦线的火车车厢里，随同张奚若、张慰慈、梁思成一起前往济南。

于赓虞心急如焚，难以入睡，到德州时，天已黎明。及至平原车站，漫天迷雾复兼微雨。他顿生遐想："倘志摩尚在人世火车中，不知又作出何种美妙之诗也。"于赓虞想到这些，"终以为志摩尚在人世间不应演此悲剧也。故在途中虽属伤心，然亦未尝不存万一不确的心理。"他恨不得立刻到济，查明真相。及车过黄河铁桥，那声音却似猛烈的铁锤锤击着他的心①。

11月22日 济南 津浦火车站

早上，8点左右，火车驶进了津浦铁路济南站。

随着拥挤的人流，沈从文急匆匆地走出了出站口，然后，在路边招手叫了一辆人力车，人力车夫慢腾腾地朝位于南城以外的齐鲁大学拉去。

齐鲁大学北校门

---

① 关于于赓虞的相关资料，取自于魏敬群的《友人忆徐志摩坠机后遗容：两眼并未完全紧合》一文。

11月22日 济南 齐鲁大学

齐鲁大学，校长办公室。

沈从文见到了朱经农，相互简单地寒暄了几句，朱经农便告诉沈从文：北平来了三个人，南京也来了两个人，上海也会有三四个人来，两人一算时间，估计，北平过来的火车差不多快到济南了。

于是，沈从文又立马坐上车，赶到火车站。

11月22日 济南 津浦火车站

车到济南站后，于赓虞急于打探徐志摩的所有消息，不曾招呼张、梁诸先生，就匆匆返回他任教的济南高中。

出站不久，遇着从齐鲁大学赶来的沈从文。

沈从文当时在青岛大学执教，他是于赓虞在北平时一起舞文弄墨的患难朋友。

与沈从文分手后，于赓虞虽后悔没问他关于徐志摩的消息，但已感到一股冷气。"到校后，即询问一切，知遇难者确系志摩，至是我不复存半分妄想矣！"

11月22日 济南

沈从文与梁思成、张慰慈和张若溪等人商量，决定到中国银行寻到张幼仪四哥张嘉璈委托照料徐志摩后事的陈先生。

陈先生已在前一天带了人冒雨赶去出事地点。

11月22日 济南 中国银行

从南京赶来的郭有守也正巧赶到。

少顷，放下案头的工作，陈先生出现在大家的面前。

沈从文和郭有守正想仔细了解一下去飞机出事的地点、线路、坐什么车方便。陈先生告诉他们，飞机出事的地方大约在离济南五十里的白马山站，而这个车站是不停车的，并且告诉他们，徐志摩的遗体已被运到了济南城里的一个小庙里。

陈先生向大家报告了料理丧事的前后经过，接着说道："我知道你们会来,我知道在飞机上的那个样子太惨,所以我就眼看着他们把烧焦的衣服脱去,把血污洗尽,把破碎的整理归一,包扎停当,装入棺里,设法运回济南来了!"

此外,陈先生还说到了山头的形势,去铁路的远近,山下铁路南有一个什么小村落,以及向村中居民询问飞机出事时情形所得的种种。

大家纷纷对陈先生的善举表达了谢意。

11月22日 济南 炒米店

上午,10点左右。

吴其昌和妻子诸湘、弟弟吴世昌留心守着车厢两旁的山峰。

当火车即将驶过济南炒米店时,坐在吴其昌旁边的一个旅客,突然指着车窗外远处的开山,说"济南号"飞机就是在那里坠毁的。

已饿得不能动弹的吴其昌,抬头朝那山头望了一眼,然后,硬支撑着身体,在有些破损的《大公报》的空白处,写下了几行软弱无力的字迹:

"中华民国二十年十一月二十二日上午十时十分,车过济南党家庄(误将炒米店当成了党家庄,编者注)开山脚下,凭吊志摩表兄殉难处,时全家三人绝食四十六小时,其昌记。"

张幼仪四哥张嘉璈　　　　　　　　　吴其昌

朱经农

11月22日 济南 午后

中国银行济南分行经理何象百与齐鲁大学校长朱经农等人一道,早已从党家庄将徐志摩的棺木运回济南,停灵在馆驿街中州会馆和安徽乡祠之间的寿佛寺里。

之所以将徐志摩棺柩暂停放在寿佛寺,主要是考虑这里距离津浦铁路济南火车站很近,方便火车南运。

JINAN 济南故事

第六章

馆驿街上的秋雨

你真的走了,明天?那我,那我……
你也不用管,迟早有那一天;
你愿意记着我,就记着我,
要不然趁早忘了这世界上
有我,省得想起时空着恼,
只当是一个梦,一个幻想;
只当是前天我们见的残红……

——徐志摩:《翡冷翠的一夜》节选

任何记忆都难以还原我们曾经生活过的年代，但透过稍纵即逝的影像，一张张熟悉的老照片，却能让我们感知到那石缝里湿滑的青苔，那青石板上跫然的足音，那四合小院酝酿的温暖，那荷塘泉边的绿柳轻软。

老街似是我们通往记忆的入口，沿着一条条老街去寻那青砖粉墙的烟霭，去看那染了月色的背影，去品那浸了茉莉的茶水，去找那石榴树下的石凳，去听那黄昏深处的短笛……它们被光阴泛黄成了一张张底片，深卧在心底的暗室里，一旦接触到回忆之光，就会显影出令我们怦然心动继而眼眶湿润的静美。

许多老街老巷的踪影，都轻漾在了这座泉城的水纹里。

那些依然静候在我们眼前的，给这座千年古城增添了无边的乡思和绵延的韵味。

夹杂着几许惆怅的绵绵细雨，已淅淅沥沥下了两天，让本就进入寒冷季节的人，心里徒增了些许凄凉。

天，阴沉沉的，飘落着冷冷的小雨，伴随着偏北风，湿冷湿冷的空气让人感觉凉飕飕的。

雨水沿着街两旁商铺的屋檐上滴落下来，清亮的声音落在黑砂石路面上，仿佛从远古飘过来的沧桑，又仿佛是从遥远的天际传过来的感伤。

馆驿街是古代济南城外西去的东西官道和驿道，长760米，宽7米，它东起迎仙门（永镇门），西至商埠纬一路。自东往西依次有接官厅、养济院、十王殿。

《续修历城县志》里记载，馆驿街"北走燕冀，东通齐鲁，为济南咽喉重地"。1931年时的馆驿街，往西不远，就是津浦铁路济南火车站、胶济铁路济南火车站，沿纬一路往

20世纪30年代的馆驿街

西，可通商埠，并通长清。往南，经经二路，或经馆驿街东段，沿着西子圩城墙往南行，至永绥桥，拐向南圩子城墙东西干道。东行，便可抵达齐鲁大学。

从街西段折向北，是济南直达北京的官道。

同时，西去还通齐河诸县和其他省份。

这条街有六七座庙宇，还有三座阴会馆。阴会馆主要是暂时存放一些外省人的灵柩。那时，外省人死后不可能马上运回原籍安葬，就只能先安置在这些阴会馆里，请和尚念经以超度亡魂，然后，家属将其棺木运回原籍入葬。无人祭拜的孤魂则由会馆派人代祭，以慰客死异地的同乡。

据史料记载，当时馆驿街上有"中州会馆""山峡会馆""安徽乡祠"等会馆。

馆驿街上，大部分是做小买卖的，临街的门头卖的是日用百货、五谷杂粮、建筑材料、炊具餐具、农用工具、编织丝网、竹制筐子。平日里，经常会看见一些挎篮子的、扛扁担的、推独轮小车的、牵着牲口或赶大车的人出现在这条商业街上。

清静的冷雨，拂过黑砂石路面上萧索的落叶，也滴在每一个行人的脸上，清凉的感觉直透心底。

有一裹脚的七旬老妇与一小媳妇左右对坐在一辆独轮车上，她们的头上搭着一块破蓝花布，小媳妇怀里环抱着一些杂物。一青年汉子轻快地推着独轮车，脸上满是雨水，还不时地打量着街两边的铺子。

上午九点半左右，几个装束很儒雅的男人，突然出现在街面上，他们的脸上都带着悲戚的表情，并没有引起行人的注意。

他们是梁思成、金岳霖、张奚若、沈从文、闻一多、梁实秋、赵太侔、于赓虞等一干人。

他们正朝着位于馆驿街西段路北的寿佛寺走来。

寿佛寺，是在济南经商和做官的安徽籍同乡集资建设的会馆。用来召开同乡会、敬神、团拜，也用来做寿、结婚、发丧、暂放尸骨，是一座很不起眼的小破庙，院子里堆满了大大小小的瓦罐、大瓮、粗碗、砂锅等日用陶器，就连寺内的神座上，也搁满了，堆放得近一人高。

寺外，偶尔传来的火车汽笛声，搅动着清冷的雨丝和清凉的空气。

徐志摩的棺木就安放在寺中偏右墙壁下，像是临时腾出来的一块空地，空间很小。

寂无一人，呈现着一种黯淡凄凉的境况。

两个冻得缩头缩颈的济南人，正在那里烧香。

在徐志摩的棺木前，还残留有王统照烧过的纸灰。

棺木未钉，棺盖上有玻璃。

徐志摩面部并无苦楚情态，后部头发有一处被烧过的痕迹，面部除眉毛略有烧焦，两眼并未完全闭合，微露着眼睛。右边太阳穴下有一孔，系致命伤口。

徐志摩安详地躺在棺木里，看不出痛苦痕迹，如平常熟睡时情形，十分安详，头戴一顶瓜皮小帽，穿着件浅蓝色的绸袍，外加黑纱马褂，脚上穿一双粉底黑色云头如意寿字鞋。

徐志摩独自静悄悄地躺在了异乡的破庙一角，只有檐前点点滴滴愁人的雨滴声相伴。看到这种凄清寂寞景象，在场的亲友无不动容，忍不住眼圈里泛起悲伤的泪花。

冷雨，平平仄仄地回环在现场的每个人心头。

于赓虞询问徐志摩身上其他部位受伤情形，站在棺木前的一中年工人答道："腿已摔坏，两手烧伤较重，其他不十分重。"

这个搭话的中年工人就是随同中国银行的陈先生一起到出事地点的那个人，是他亲自洗涤了徐志摩的遗体，然后，给徐志摩穿上了他专门买来的一套济南市面所能得到的上等寿衣。

就在大家在几分凄凉的沉默里温习徐志摩生前的声音与光彩时，站在旁边的中年工人一边把棺木盖挪拢一点，一面自言自语地说："死了，完了，你瞧他多安静。你难受，他并不难受。"

中年工人说完后，将一个小篮子里的一角残余的棉袍，一只血污泥泞透湿的袜子，送给大家看。

梁思成将从北京带来的用铁树叶编成径尺大小、缀以白花的小花圈,安置在棺盖上。这个具有希腊风格的小花圈,是林徽因和梁思成连夜流着泪编成的,徐志摩的一张照片镶嵌在中间,照片上的徐志摩看上去还是那样的充满灵性,儒雅而俊逸。

雨,越下越大。雨水,粗线一样,顺着灰瓦的沟往下滴落,落地后发出的声音,夹杂着凄愁和悲凉。

约三个小时后,他们淌着积水离开了寿佛寺。

徐志摩的突然死亡,让沈从文深层体验到生命的倏忽和脆弱,心情分外沉重:"人的生命会忽然泯灭,而纯挚无私的友情却长远坚固永在,且无疑能持久延续,能发展扩大。"

三年后,沈从文在《三年前的十一月二十二日》写道:

六点钟时天已大亮,由青岛过济南的火车,带了一身湿雾骨碌骨碌跑去。从开车起始到这时节已整八点钟,我始终光着两只眼睛。三等车车厢中的一切全被我看到了,多少脸上刻着关外风雪记号的农民!我只不曾见到我自己,却知道我自己脸色一定十分难看。我默默地注意一切乘客,想估计是不是有一个学生模样的年轻人,认识徐志摩,知道徐志摩。我想把一个新闻告给他,徐志摩死了,就是那个给年轻人以蓬蓬勃勃生气的徐志摩死了。我要找寻这样一个人说说话,一个没有,一个没有。

我想起他《火车擒住轨》那一首诗:

火车擒住轨,在黑夜里奔:
过山,过水,过陈死人的坟;
过桥,听钢骨牛喘似的叫,
过荒野,过门户破烂的庙;
　　………
睁大了眼,什么事都看分明,
但自己又何尝能支使命运?

这里那里还正有无数火车的长列在寒风里奔驰，写诗的人已在云雾里全身带着火焰离开了这个人间。想到这件事情时，我望着车厢中的小孩，妇人，大兵，以及吊着长长的脖子打盹，作成缢毙姿势的人物。从衣着上看，这是个佃农管事。好像他迟早是应当上吊的。

当我动手把车窗推上时，一阵寒风冲醒了身旁一个瘦瘦瘦的汉子，睡眼迷蒙地向窗口一望，就说"到济南还得两点钟"。说完时看了我一眼，好像知道我为什么推开这窗子吵醒了他，接着把窗口拉下，即刻又吊着颈脖睡去了。去济南的确还得两点钟！我不好意思再惊醒他了，就把那个为车中空气凝结了薄冰的车窗，抹了一阵，现出一片透明处。望到济南附近的田地，远近皆流动着一层乳白色薄雾。黑色或茶色土壤上，各装点了细小深绿的麦秧。一切是那么不可形容的温柔沉静，不可形容的美！我心想：为什么我会坐在这车上，为什么一个人忽然会死？

我心中涌起了一种古怪的感情，我不相信这个人会死。我计算了一下，这一年还剩两个月，十个月内我死了四个最熟的朋友。生死虽说是大事，同时也就可以说是平常事。死了，倒下了，瘪了，烂了，便完事了。倘若这些人死去值得纪念，纪念的方法应当不是眼泪，不是仪式，不是言语。采真是在武汉被人牵至欢迎劳苦功高的什么伟人彩牌楼下斩首的，振先是在那个永远使读书人神往倾心的"桃源洞"前被捷克制自动步枪打死的，也频是给人乱枪排了，和二十七个同伴一起躺到臭水沟里的，如今却轮到一个"想飞"的人，给在云雾里烧毁了。一切痛苦的记忆综合到我的心上，起了中和作用。我总觉得他们并不当真死去。多力的、强健的，有生气的，守在一个理想勇猛精进的，全给早早地死去了。却留下多少早就应当死去了的阉鸡、懦夫与狡猾狐鬼、愚人妄人，在白日下吃、喝，听戏，说谎，开会，著书，批评攻击与打闹！想起生者，方真正使人悲哀！

落雨了，我把鼻子贴住玻璃。想起《车眺》那首诗。

八点左右火车已进了站。下了火车，坐上一辆人力车，尽那个看来十分忠厚的车夫，慢慢地拉我到齐鲁大学。在齐鲁大学最先见到了朱经农，一问才知道北平也来了三个人，南京也来了两个人。上海还会有三四个人来。算算时间，北来车已差不多要到了。我就又匆匆忙忙坐了车赶到津浦车站去，同他们会面。在候车室里见着了梁思成、金岳霖同张奚若。再一同过中国银行，去找寻一个陈先生，这个陈先生便是照料志摩死后各事，前一天搁下了业务，带了夫人冒雨跑到飞机出事地点去，把志摩从飞机残烬中拖出，加以洗涤、装殓，且伴同志摩遗体同车回到济南的。这个人在志摩生前并不与志摩认识，却充满热情来完成这份相当辛苦艰巨的任务。见到了陈先生，且同时见到了从南京来的郭有守和张慰慈先生，我们正想弄明白出事地点在何处，预备同时前去看看。问飞机出事地点离济南多远，应坐什么车。方知道出事地点离济南约二十五里，名白马山站，有站不停车。并且明白死者遗体昨天便已运到了济南，停在城里一个小庙里了。

　　……他是那么爱热闹的人，如今却这样一个人躺在这小庙里。安静地躺在这个小而且破的古庙里，让一堆坛坛罐罐包围着的，便是另外一时生龙活虎一般的志摩吗？他知道他在最后一刻，扮了一角什么样稀奇角色！不嫌脏，不怕静，躺到这个地方，受济南市土制香烟缭绕的门外是一条热闹街市，恰如他诗句中的"有市谣围抱"，真是一件任何人也想象不及的事情。他是个不讨厌世界的人，他欢喜这世界上一切光与色。他欢喜各种热闹，现在却离开了这个热闹世界，向另一个寒冷宁静虚无里走去了。

　　……

张慰慈、张奚若、梁思成三人致电胡适及徐志摩在北平的至交好友：
志摩尸体尚完整，昨晚（二十一）已殓，今晚（二十二）九时南运。从文在此，禹九今晚到。
阴沉的天空，依然飘落着丝丝的小雨。
路面上的落叶逐渐地增多起来。
22日下午5点，徐志摩的穿着一身孝服的长子徐积锴和前妻张幼仪的八弟张嘉铸及翁瑞午从上海赶到济南。

齐鲁大学校长朱经农夫妇和中国银行济南分行经理何象百与职员陈先生也前来火车站接迎。

吃过晚饭，他们又返回车站，等候晚8时30分棺柩上车南下。

天，黑了下来。何象百在火车站附近找了一家饭馆，请一整天都不曾吃饭的各路送灵的亲友就餐。

左起：徐积锴，徐申如，张幼仪

吃过饭，从馆驿街寿佛寺起柩上车的人，前来报告已准备完毕。

雨，大了起来。

八点半，棺柩上了车。

列车是十一点后驶离济南的。护送回沪的有南京来的郭有守，上海来的

津浦铁路济南火车站站台

张嘉铸，徐志摩的儿子徐积锴。

站台上，目送徐志摩的灵柩渐渐远去的朋友，泪眼已经模糊。

到处弥漫着一层似烟似雾的轻纱。

雨夜，变得更加幽深。

梁思成、张慰慈和张若溪等人留在了济南，他们准备第二天到"济南号"飞机出事地点看看。

沈从文乘坐当夜10点的火车回青岛。

站在站台上，沈从文看着冷雨里静卧在铁轨上的火车，望着湿雾中梦幻般通往天国的钟楼夜空，似乎和徐志摩在一起的那些时光尚未远去多久……

任雨丝随风斜斜地打湿他的身体，融成一片柔软的思绪。

1925年10月1日，徐志摩受朋友之邀，出任《晨报副刊》（亦称《晨报副镌》）主编。在大量来稿中，徐志摩发现了沈从文的《一天是这样过的》，刊发于1925年10月21日。紧接着，在10月26日刊发了沈从文用"休芸芸"笔名写的《夜渔》，10月29日又刊发了沈从文的那一首叙事剧似的"拟曲"《卖糖复卖蔗》。

在当月《晨报副刊》发表文章的有梁启超、张奚若、刘海粟、陈西滢、凌叔华、余上沅、舒新城、闻一多、朱湘、赵元任、冰心、江绍原等一些名家，这对一个月内连发三篇作品的沈从文来说，肯定是信心大增。随即，徐志摩与沈从文见了面，并从沈从文那里取去了一摞稿件，在第二个月的《晨报副刊》，徐志摩一口气发表了沈从文各类作品达七篇之多。其中沈从文的一篇散文《市集》，还被徐志摩写下了欣赏的文字：

作者的笔真像是梦里的一只小艇，在波纹瘦鳞鳞的梦河里荡着，处处有着落，却又处处不留痕迹。这般作品不是写成的，是"想成"的。给这类的作者，批评是多余的，因为他自己就是最不放松的不出声的批评者。奖励也是多余的，因为春草的发青，云雀的放歌，都是用不着人们的奖励的。

这份慧眼识人才，这份提携的情谊，对当年身陷生活困境的沈从文来讲，真可谓久旱逢甘露。

11月23日，梁思成、张慰慈和张若溪等人来到了北大山，前来吊唁徐志摩的魂灵。

梁思成悄悄捡了"济南号"飞机残骸的一块小木板，珍贵地放进自己提包里，这是他来济南前，林徽因再三叮嘱的。

徐志摩并不知道林徽因生前珍藏有两架飞机的两块残片，一块是抗战期间，林徽因当飞行员的胞弟林恒在对日空战中阵亡，梁思成从李庄去成都参与后事时带回的。另一块就是徐志摩遇难在济南，林徽因叫梁思成赶往遇难现场取回的"济南号"飞机残骸的那块小木板。

两块残片，都有烧焦的痕迹，都用黄绫扎着。

两块残片，都是梁思成带回的。

梁思成与林徽因

当时有人问梁思成："林徽因将徐志摩失事的飞机残骸挂在床头，你就不介意吗？"

梁思成回答："徽因若不重情，反倒不值得我爱了。"

这是个似水的清夜，弦月盈棂。

从阳台上看去，城里的夜空，闪现着少有的几粒星星，它们显得那么遥远，就像在往事里很多逝去的生命，默默地在空廓的天幕上，注视着大地上的芸芸众生。

这样的夜晚，越来越少了。

就像美好，成为怀念里的一抹忧伤。

浪漫，是寂寞里的一盏灯。

济南，是一座很有文脉的历史古城，泉水温润了这块土地上的灵秀和俊朗，也滋养了很多文人墨客。自古到今，他们玩味和吟咏着这座古城的孤烟远树、离亭别宴、平野水云、浅碧草痕、湖云山翠，他们在这里留下了点逗春光的呼吸痕迹、留下了波绿乱峰的行走烙印、也留下了很多慷慨、优雅、柔曼的诗句，使这座古老的泉城，更加地有了灵气和文化的地标。

此时此刻突然想起了徐志摩，想起了那个眉毛间透着几分儒雅、鼻梁坚挺的诗人。

他那略小的眼睛，似乎看得比我们都远。

这个夜晚，注定会有人站在冷月照菊黄的窗前，虔诚地点上一支香烟，看着袅袅的轻烟往上升着，心如蝶舞，不思眠。

海宁和济南，这两个看似不相关联的城市，由于徐志摩而连在了一起。一个是徐志摩的出生地，一个是徐志摩的殉难地。这是一种历史的巧合，还是一种上天的安排？

是徐志摩将诞生与永恒的两个空间，留给了海宁和济南。

JINAN 济南故事

第七章

四个女人的怀念

我是天空里的一片云,
偶尔投影在你的波心。
你不必讶异,
更无须欢喜,
在转瞬间消灭了踪影。

你我相逢在黑夜的海上,
你有你的,我有我的,方向;
你记得也好,
最好你忘掉,
在这交会时互放的光亮!

——徐志摩:《偶然》

当沧海凝成一滴泪,那柔波似的心,会靠近谁?

徐志摩说自己是一片雪花,他有自己的轻盈和飞扬、潇洒和率真。他迷恋世间所有的好和美,因为他有自由的灵魂。

徐志摩一生为情所困,穷尽他的爱和真。他是个疲惫的爱人,疲惫到再也扛不起他为爱树立的旗。所以,他乘风而去,他的飞,让许多爱过他的人都经历了彻底的心碎。

徐志摩的死,也留下了他与四个女人理不清的情感纠葛。

一个是他的发妻张幼仪。她是最爱徐志摩的,而徐志摩却从没爱过她,最后毫不犹豫地与她离婚。在与徐志摩离婚后,她成了一个新女性,开设了中国第一个新式的时装公司——云裳公司,曾在上海任女子商业储蓄银行总经理。她独立生活,事业有成,还为徐志摩的父亲养老送终,尽了徐志摩未尽的责任。她心如止水,尽心抚养儿子成人。凡是认识她的人没有不敬重她的,没有不祝福她的。她不会写诗,不会炫耀,也不会抱怨,只是默默地过着自己的岁月,

徐志摩的发妻张幼仪

尽着自己应尽的责任。在她56岁那年,也就是徐志摩的儿子徐积锴在美国成家立业之后,她这才与一位旅居香港的中医再婚。

在世时,有人曾问她爱不爱徐志摩,她说:"我没办法回答这个问题。我对这个问题很迷惑,因为每个人总是告诉我,我为徐志摩做了这么多事,我一定是爱他的。可是,我没办法说什么叫爱,我这辈子从没跟什么人说过'我爱你'。如果照顾徐志摩和他家人叫作爱的话,那我大概爱他吧。在他一生当中遇到的几个女子里面,说不定我最爱他。"

万里快鹏飞，独憾翳云悲失路；

一朝惊鹤化，我怜弱息去招魂。

这是不善于抒情和操持文字的张幼仪写给徐志摩的挽联，从挽联中可以看出，徐志摩的突然离世，让张幼仪心里充满了悲痛，甚至想去为徐志摩"招魂"，一个"怜"字，从被抛弃的前妻张幼仪口中吐出，怎能不让人备感心痛，令人动容。

另一个是才女林徽因。她是徐志摩第一个真正爱过的女人，但由于种种原因，林徽因嫁给了梁启超的儿子梁思成，徐志摩最后就是为了赶着回北京参加她的一个讲座，乘飞机出事了。

在徐志摩去世三年后的一个冬天，她和丈夫梁思成应浙江省建设厅的邀请，前去商讨杭州六和塔重修计划。之后，她和梁思成坐火车回上海，途径徐志摩的家乡硖石镇时，在海宁站停了十多分钟。巧的是这天正是徐志摩遇难的忌日，林徽因步出车外，独自徘徊在幽暗的站台上，想起与徐志摩相处的日子，往事潮水般地涌向心头，禁不住潸然泪下……

徐志摩的两本英文日记，直到林徽因生命的最后一天，她也一直保存着，其最后的着落，却是一个谜。

一段情，一个谜，让今天的人们至今未能释怀。

徐志摩是最爱林徽因的，这是大家公认的。但林徽因到底爱不爱徐志摩呢？这却是数十年来的一个公案。林徽因至死仍三缄其口，这便成了一个解不开的谜。

要解开这个谜，只有找到徐志摩的那两本英文日记。

第三个是陆小曼，一个同样有才但不耐寂寞的女人。徐志摩同她婚后的生活，有过幸福，也有无数的争吵。徐志摩遇难后，她把俗世的繁华都变成一纸的寂寞，素服终生。她在自己的卧室悬挂着徐志摩的大幅遗像，每隔几天，就要买一束鲜花献上。

"多少前尘成噩梦，五载哀欢，匆匆永诀，天道复奚论，欲死未能因母老；

万千别恨向谁言,一身愁病,渺渺离魂,人间应不久,遗文编就答君心。"

1933年清明,她独自一人来到硖石镇为徐志摩上坟。站在东山万石窝前,远远地望着那一幢中西合璧的红色砖瓦房子,那曾让她甜蜜而又伤心的地方,眼泪忍不住夺眶而出。

从硖石归来后,她写了一首感伤的诗:

> 肠断人琴感未消,
> 此心久已寄云峤;
> 年来更识荒冷味,
> 写到湖山总寂寥。

徐志摩的离去,使陆小曼背负上了世人的指责和骂名。

她的生活被彻底改变了,虽然后半生穷苦,但她一直为一份与徐志摩难得的爱情守寡到死,并且,整理徐志摩毕生留下的资料,编出了徐志摩的文集,一本叫《爱眉小札》,一本叫《志摩日记》。还和赵家璧一起整理了《徐志摩全集》,可惜因时局太乱,没有出版问世,不过总是尽了她当妻子的责任,努力做一个徐志摩心底曾希冀的那个知性、富有才情的女子。

她于1965年4月去世,终年62岁。她死前唯一的愿望是和徐志摩合葬,但徐志摩的父亲坚决不答应。

第四位就是徐志摩心目中的"中国的曼殊斐儿"——风华绝代的凌叔华。

在20世纪20年代,凌叔华是与冰心、林徽因齐名的"文坛三才女"之一。她学养丰富,文才画禀皆擅长。无论是写文作画还是为人处世,她都以平和、温婉、淡雅著称,她以女性特有的温润去看人看世界,也感染着身边其他的人。

凌叔华第一次结识徐志摩,是在那场为泰戈尔举行的茶话会上。那是一场名流云集的聚会,在座的有泰戈尔、胡适、陈师、陈源、徐志摩……而凌叔华穿梭其中,谈吐不凡,端庄、娴雅,散发着迷人的魅力。这魅力迷倒了在场的每个男人,仿佛令他们看到了世界上最美的一幕。那些人里,当然也有徐志摩。这个体貌清秀、丰神俊朗的男人,很快就吸引了凌叔华的视线。

那是他们的邂逅，虽不是在花前月下，而是在人头攒动的聚会之上。但在当时，当他们彼此靠近之时，却感觉到，整个世界似乎只此两人。

徐志摩与她相识时，正是追求林徽因而不得的失恋之时，与张幼仪已经离婚，和陆小曼的爱情还没有开始。彼时，徐志摩正处于情感最空虚、最伤痛的时候，需要倾诉的对象、安慰的话语、情感的融化，而正是她，始终在徐志摩的身边。一个绝世才女，一个风流才子，年龄又相仿，所以他们二人的关系进展得很快，相识半年光通信就有七八十封，差不多两天一封，再加上聚会，可以说这显然超出了一般的友谊。

徐志摩对凌叔华的情感，都说似雾里看花，超越了友谊，却又无法说出那一份爱慕。

徐志摩对凌叔华的感情是真挚的，没有一丝虚假。二人相知极深，凌叔华的第一部小说《花之寺》的序言，就是徐志摩的杰作，而这是他一生中唯一一次为人作序。徐志摩的处女诗集《志摩的诗》，出版扉页上的题词"献给爸爸"，则是出自凌叔华的手笔。

她是林徽因之外，徐志摩最为信任的红颜知己。

多年以后，凌叔华的女儿陈小滢曾经说过："母亲弥留之际，嘴里一遍遍念叨的是诗人徐志摩的名字。"

徐志摩的一生，追求自由，追求轰轰烈烈的爱情，即使飞蛾扑火，也在所不惜。

胡适曾言：志摩的人生观真是一种单纯信仰，这里面只有三个大字：一个是爱，一个是自由，一个是美。徐志摩梦想这三个理想的条件能够会合在一个人生命里，这就是徐志摩的单纯信仰。徐志摩一生的历史，只是他追求这个单纯信仰的实现的历史。

当时间在文字里温暖地发酵，如鸿鸟在雪泥上留下清晰的爪印，回忆里的契机便有了光芒，一切将有迹可循。

让我们撩开历史的帷幔，吹去光阴的尘埃，再一次读读徐志摩最爱的女人写给他的悼文吧——

悼志摩

林徽因

十一月十九日我们的好朋友,许多人都爱戴的新诗人,徐志摩突兀的,不可信的,残酷的,在飞机上遇险而死去。这消息在二十日的早上像一根针刺触到许多朋友的心上,顿使那一早的天墨一般地昏黑,哀恸的咽哽锁住每一个人的嗓子。

志摩……死……谁曾将这两个句子联在一处想过!他是那样活泼的一个人,那样刚刚站在壮年的顶峰上的一个人。朋友们常常惊讶他的活动,他那像小孩般的精神和认真,谁又会想到他死?

突然地,他闯出我们这共同的世界,沉入永远的静寂,不给我们一点预告,一点准备,或是一个最后希望的余地。这种几乎近于忍心的决绝,那一天不知震麻了多少朋友的心?现在那不能否认的事实,仍然无情地挡住我们前面。任凭我们多苦楚地哀悼他的惨逝,多迫切地希冀能够仍然接触到他原来的音容,事实是不会为我们这伤悼而有些许活动的可能!这难堪的永远静寂和消沉便是死的最残酷处。

我们不迷信的,没有宗教地望着这死的帷幕,更是丝毫没有把握。张开口我们不会呼吁,闭上眼不会入梦,徘徊在理智和情感的边沿,我们不能预期后会,对这死,我们只是永远发怔,吞咽枯涩的泪;待时间来剥削着哀恸的尖锐,瘢结我们每次悲悼的创伤。那一天下午初得到消息的许多朋友不是全跑到胡适之先生家里么?但是除去拭泪相对,默然围坐外,谁也没有主意,谁也不知有什么话说,对这死!

谁也没有主意,谁也没有话说!事实不容我们安插任何的希望,情感不容我们不伤悼这突兀的不幸，理智又不容我们有超自然的幻想！默然相对，默然围坐……而志摩则仍是死去没有回头，没有音讯，永远地不会回头，永远地不会再有音讯。

我们中间没有绝对信命运之说的，但是对着这不测的人生，谁不感到惊异，对着那许多事实的痕迹又如何不感到人力的脆弱、智慧的有限。世事尽有定数？世事尽是偶然？对这永远的疑问我们什么时候能有完全的把握？

在我们前边展开的只是一堆坚质的事实：

"是的，他十九晨有电报来给我……

"十九早晨，是的！说下午三点准到南苑，派车接……

"电报是九时从南京飞机场发出的……

"刚是他开始飞行以后所发……

"派车接去了，等到四点半……说飞机没有到……

"没有到……航空公司说济南有雾……很大……"

只是一个钟头的差别；下午三时到南苑，济南有雾！谁相信就是这一个钟头中便可以有这么不同事实的发生，志摩，我的朋友！

他离平的前一晚我仍见到，那时候他还不知道他次晨南旅的，飞机改期过三次，他曾说如果再改下去，他便不走了的。我和他同由一个茶会出来，在总布胡同口分手。在这茶会里我们请的是为太平洋会议来的一个柏雷博士，因为他是志摩生平最爱慕的女作家曼殊斐儿的姊丈，志摩十分的殷勤；希望可以再从柏雷口中得些关于曼殊斐儿早年的影子，只因限于时间，我们茶后匆匆地便散了。晚上我有约会出去了，回来时很晚，听差说他又来过，适遇我们夫妇刚走，他自己坐了一会儿，喝了一壶茶，在桌上写了些字便走了。

我到桌上一看：

"定明早六时飞行，此去存亡不卜……"我怔住了，心中一阵不痛快，却忙给他一个电话。

"你放心。"他说，"很稳当的，我还要留着生命看更伟大的事迹呢，哪能便死？……"

话虽是这样说，他却是已经死了整两周了！

现在这事实一天比一天更结实，更固定，更不容否认。志摩是死了，这个简单残酷的实际早又添上时间的色彩，一周，两周，一直的增长下去……

我不该在这里语无伦次地尽管呻吟我们做朋友的悲哀情绪。归根说，读者抱着我们文字看，也就是像志摩的请柏雷一样，要从我们口里再听到关于志摩的一些事。这个我明白，只怕我不能使你们满意，因为关于他的事，动听的，使青年人知道这里有个不可多得的人格存在的，实在太多，绝不是几千字可以表达得完。谁也得承认像他这样的一个人世间便不轻易有几个的，无论在中国或是外国。

我认得他，今年整十年，那时候他在伦敦经济学院，尚未去康桥。我初次遇到他，也就是他初次认识到影响他迁学的狄更生先生。不用说他和我父亲最谈得来，虽然他们年岁上差别不算少，一见面之后便互相引为知己。他到康桥之后由狄更生介绍进了皇家学院，当时和他同学的有我姊丈温君源宁。一直到最近两个月中源宁还常在说他当时的许多笑话，虽然说是笑话，那也是他对志摩最早的一个惊异的印象。志摩认真的诗情，绝不含有任何矫伪，他那种痴，那种孩子似的天真实能令人惊讶。源宁说，有一天他在校舍里读书，外边下起了倾盆大雨——惟是英伦那样的岛国才有的狂雨——忽然他听到有人猛敲他的房门，外边跳进一个被雨水淋得全湿的客人。不用说他便是志摩，一进门一把扯着源宁向外跑，说快来我们到桥上去等着。这一来把源宁怔住了，他问志摩等什么在这大雨里。志摩睁大了眼睛，孩子似的高兴地说"看雨后的虹去"。源宁不止说他不去，并且劝志摩趁早将湿透的衣服换下，再穿上雨衣出去，英国的湿气岂是儿戏，志摩不等他说完，一溜烟地自己跑了。

以后我好奇地曾问过志摩这故事的真确，他笑着点头承认这全段故事的真实。我问：那么下文呢，你立在桥上等了多久，并且看到虹了没有？他说记不清，但是他居然看到了虹。我诧异地打断他对那虹的描写，问他，怎么他便知道，准会有虹的。他得意地笑答我说："完全诗意的信仰！"

"完全诗意的信仰"，我可要在这里哭了！也就是为这"诗意的信仰"，他硬要借航空的方便达到他"想飞"的夙愿！"飞机是很稳当的，"他说，"如果要出事那是我的运命！"他真对运命这样完全诗意的信仰！

志摩，我的朋友，死本来也不过是一个新的旅程，我们没有到过的，不免过分地怀疑，死不定就比这生苦，"我们不能轻易断定那一边没有阳光与人情的温慰"，但是我前边说过最难堪的是这永远的静寂。我们生在这没有宗教的时代，对这死实在太没有把握了。这以后许多思念你的日子，怕要全是昏暗的苦楚，不会有一点点光明，除非我也有你那美丽的诗意的信仰！

我个人的悲绪不竟又来扰乱我对他生前许多清晰的回忆，朋友们原谅。

诗人的志摩用不着我来多说，他那许多诗文便是估价他的天平。我们新诗的历史才是这样的短，恐怕他的判断人尚在我们儿孙辈的中间。我要谈的是诗人之外的志摩。人家说志摩的为人只是不经意的浪漫，志摩的诗全是抒情诗，这断语从不认识他的人听来可以说很公平，从他朋友们看来实在是对不起他。志摩是个很古怪的人，浪漫固然，但他人格里最精华的却是他对人的同情、和蔼和优容；没有一个人他对他不和蔼，没有一种人，他不能优容，没有一种的情感，他绝对地不能表同情。我不说了解，因为不是许多人爱说志摩最不解人情么？我说他的特点也就在这上头。

我们寻常人就爱说了解；能了解的我们便同情，不了解的我们便很落寞乃至于酷刻。表同情于我们能了解的，我们以为很适当；不表同情于我们不能了解的，我们也认为很公平。志摩则不然，了解与不了解，他并没有过分地夸张，他只知道温存、和平、体贴，只要他知道有情感的存在，无论出自何人，在何等情况下，他理智上认为适当与否，他全能表几分同情，他真能体会原谅他人与他自己不相同处。从不会刻薄地单支出严格的迫仄的道德的天平指摘凡是与他不同的人。他这样的温和，这样的优容，真能使许多人惭愧，我可以忠实地说，至少他要比我们多数的人伟大许多；他觉得人类各种的情感动作全有它不同的，价值放大了的人类的眼光，同情是不该只限于我们划定的范围内。他是对的，朋友们，归根说，我们能够懂得几个人，了解几桩事，几种情感？哪一桩事，哪一个人没有多面的看法！为此说来志摩的朋友之多，不是个可怪的事；凡是认得他的人不论深浅对他全有特殊的感情，也是极为自然的结果。而反过来看他自己在他一生的过程中却是很少得着同情的。不止如是，他还曾为他的一点理想的愚诚几次几乎不见容于社会。但是他却未曾为这个而鄙吝他给他人的同情心，他的性情，不曾为受了刺激而转变刻薄暴戾过，谁能不承认他几有超人的宽量。

志摩的最动人的特点，是他那不可信的纯净的天真，对他的理想的愚诚，对艺术欣赏的认真，体会情感的切实，全是难能可贵到极点。他站在雨中等虹，他甘冒社会的大不韪争他的恋爱自由；他坐曲折的火车到乡间去拜哈代，他抛弃博士一类的引诱卷了书包到英国，只为要拜罗素作老师，他为了一种特异的境遇，一时特异的感动，从此在生命途中冒险，从此抛弃所有的旧业，只是尝试写几行新诗——这几年新诗尝试的运命并不太令人踊跃，冷嘲热骂只是家常便饭——他常能走几里路去采几茎花，费许多周折去看一个朋友说两句话；这些，还有许多，都不是我们寻常能够轻易了解的神秘。我说神秘，其实竟许是傻，是痴！事实上他只是比我们认真，虔诚到傻气，到痴！他愉快起来他的快乐的翅膀可以碰得到天，他忧伤起来，他的悲戚是深得没有底。寻常评价的衡量在他手里失了效用，利害轻重他自有他的看法，纯是艺术的情感的脱离寻常的原则，所以往常人常听到朋友们说到他总爱带着嗟叹的口吻说："那是志摩，你又有什么法子！"他真的是个怪人么？朋友们，不，一点都不是，他只是比我们近情，比我们热诚，比我们天真，比我们对万物都更有信仰，对神，对人，对灵，对自然，对艺术！

朋友们我们失掉的不只是一个朋友，一个诗人，我们丢掉的是个极难得可爱的人格。

至于他的作品全是抒情的么？他的兴趣只限于情感么？更是不对。志摩的兴趣是极广泛的。他始终极喜欢天文，他对天上星宿的名字和部位就认得很多，最喜暑夜观星，好几次他坐火车都是带着关于宇宙的科学的书。他曾经译过爱因斯坦的相对论，并且在一九二二年便写过一篇关于相对论的东西登在《民铎》杂志上。他常向思成说笑："任公先生的相对论的知识还是从我徐君志摩大作上得来的呢,因为他说他看过许多关于爱因斯坦的哲学都未曾看懂,看到志摩的那篇才懂了。"今夏我在香山养病,他常来闲谈,有一天谈到他幼年上学的经历和美国克莱克大学两年学经济学的景况,我们不禁对笑了半天,后来他在他的《猛虎集》的"序"里也说了那么一段。可是奇怪的!他不像许多天才,幼年里上学,不是不及格,便是被斥退,他是常得优等的,听说有一次康乃尔暑校里一个极严的经济教授还写了信去克莱克大学教授那里恭维他的学生,关于一门很难的功课。我不是为志摩在这里夸张,因为事实上只有为了这桩事,今夏志摩自己便笑得不亦乐乎!

此外他对于戏剧、绘画的兴趣都极深浓,戏剧不用说,与诗文是那么接近,他领略绘画的天才也颇为可观,后期印象派的几个画家,他都有极精密的爱恶,对于文艺复兴时代那几位,他也很熟悉,他最爱鲍蒂切利和达文骞。自然他也常承认文人喜画常是间接地受了别人论文的影响,他的,就受了法兰(Roger Fry)和斐德(Walter Pater)的不少。对于建筑审美他常常对思成和我道歉说:"太对不起,我的建筑常识全是Ruskins那一套。"他知道我们是最讨厌Ruskins的。但是为看一个古建的残址、一块石刻,他比任何人都热心,都更能静心领略。

他喜欢色彩,虽然他自己不会作画,暑假里他曾从杭州给我几封信,他自己叫它们"描写的水彩画",他用英文极细致地写出西桑田的颜色,每一分嫩绿,每一色鹅黄,他都仔细地观察到。又有一次他望着我园里一带断墙半晌不语,过后他告诉我说,他正在默默体会,想要描写那墙上向晚的艳阳和刚刚入秋的藤萝。

对于音乐,中西的他都爱好,不止爱好,他那种热心便唤醒过北平一次——也许唯一的一次——对音乐的注意。谁也忘不了那一年,克拉斯拉到北平在"真光"拉一个多钟头的提琴。对旧剧他也得算"在行",他最后在北平那几天我们曾接连地同去听好几出戏,回家时我们讨论的热闹,比任何剧评都诚恳都起劲。

谁相信这样的一个人,这样忠实于"生"的一个人,会这样早地永远地离开我们另投一个世界,永远地静寂下去,不再透些许声息!

我不敢再往下写,志摩若是有灵听到比他年轻许多的一个小朋友拿着老声老气的语调谈到他的为人不觉得不快么?这里我又来个极难堪的回忆,那一年他在这同一个的报纸上写了那篇伤我父亲惨故的文章,这梦幻似的人生转了几个弯,曾几何时,却轮到我在这风紧夜深里握笔吊他的惨变。这是什么人生?什么风涛?什么道路? 志摩,你这最后的解脱未始不是幸福,不是聪明,我该当羡慕你才是。

哭 摩

陆小曼

我深信世界上怕没有可以描写得出我现在心中如何悲痛的一支笔,不要说我自己这支轻易也不能动的一支。可是除此我更无可以泄我满怀伤怨的心的机会了,我希望摩的灵魂也来帮我一帮,苍天给我这一霹雳直打得我满身麻木得连哭都哭不出,浑身只是一阵阵的麻木。几日的昏沉直到今天才醒过来,知道你是真的与我永别了。摩!莫说是你,就怕是苍天也不能知道我现在心中是如何的疼痛,如何的悲伤!从前听人说起"心痛"我老笑他们虚伪,我想人的心怎会觉得痛,这不过说说好听而已,谁知道我今天才真的尝着这一阵阵心中绞似的味儿了。你知道么?曾记得当初我只要稍有不适即有你声声地在旁慰问,咳,如今我即使是痛死也再没有你来低声下气地慰问了。

摩,你是不是真的忍心永远地抛弃我了么?你从前不是说你我最后的呼吸也须要连在一起才不负你我相爱之情么?你为什么不早些告诉我是要飞去呢？直到如今我还是不信你真的是飞了，我还是在这儿天天盼着你回来陪我呢，你快点将未了的事情办一下，来同我一同去到云外去优游去吧，你不要一个人在外逍遥，忘记了闺中还有我等着呢！

这不是做梦么？生龙活虎似的你倒先我而去，留着一个病恹恹的我单独与这满是荆棘的前途来奋斗。志摩，这不是太惨了么？我还留恋些什么？可是回头看看我那苍苍白发的老娘，我不由一阵阵只是心酸，也不敢再羡你的清闲爱你的优游了，我再哪有这勇气，去看她这个垂死的人而与你双双飞进这云天里去围绕着灿烂的明星跳跃，忘却人间有忧愁有痛苦像只没有牵挂的梅花鸟。这类的清福怕我还没有缘去享受！

我知道我在尘世间的罪还未满，尚有许多的痛苦与罪孽还等着我去忍受呢。我现在唯一的希望是你倘能在个深沉的黑夜里，静静凄凄地放轻了脚步走到我的枕边给我些无声的私语让我在梦魂中知道你！我的大大①是回家来探望你那忘不了你的爱来了，那时间，我绝不张皇！你不要慌，没人会来惊扰我们的。多少你总得让我再见一见你那可爱的脸我才有勇气往下过这寂寞的岁月。你来吧，摩！

我在等着你呢。事到如今我一点也不怨，怨谁好？恨谁好？你我五年的相聚只是幻影，不怪你忍心去，只怪我无福留，我是太薄命了，十年来受尽千般的精神痛苦、万样的心灵摧残，直将我这颗心打得破碎得不可收拾，今天才真变了死灰的了，也再不会发出怎样的光彩了。好在人生的刺激与柔情我也曾尝味，我也曾容忍过了。现在又受到了人生最可怕的死别。不死也不免是朵憔悴的花瓣再见不着阳光晒也不见甘露漫了。从此我再不能知道世间有我的笑声了。经过了许多的波折与艰难才达到了结合的日子，你我那时快乐直忘记了天有多高地有多厚，也忘记了世界上有忧愁二字，快活的日子过得与飞一般快，谁知道不久我们又走进忧城。病魔不断地来缠着我。它带着一切的烦恼，许多的痛苦，那时间我身体上受到了不可言语的沉痛，你精神上也无端地沉入忧

---

① 大大，方言，哥哥的意思。

闷。我知道你见我病身呻吟，转侧床笫，你心坎里有说不出的怜惜，满肠中有无限的伤感。你曾慰我，我却无从使你再有安逸的日子。摩，你为我荒废了你的诗意，失却了你的文兴，受着一般人的笑骂，我也只是在旁默然自恨，再没有法子使你像从前的欢笑。谁知你不顾一切地还是成天地安慰我，叫我不要因为生些病就看得前途只是黑暗，有你永远在我身边不要再怕一切无谓的闲论。我就听着你静心平气地养，只盼着天可怜我们几年的奋斗，给我们一个安逸的将来。谁知道如今一切都是幻影，我们的梦再也不能实现了，早知有今日何必当初你用尽心血地将我抚养呢？让我前年病死了，不是痛快得多么？你常说天无绝人之路，守着好了，哪知天竟绝人如此，哪里还有我平坦走着的道儿？这不是命么？还说什么？摩，不是我到今天还在怨你，你爱我，你不该轻身，我为你坐飞机吵闹不知几次，你还是忘了我的一切的叮咛，瞒着我独自地飞上天去了。

完了，完了，从此我再也听不到你那叽咕小语了，我心里的悲痛你知道么？我的破碎的心留着你来补呢，你知道么？唉，你的灵魂也有时归来见我么？那天晚上我在朦胧中见着你往我身边跑，只是那一霎眼的就不见了，等我跳着、叫着你，也再不见一些模糊的影子了。咳，你叫我从此怎样度此孤单的日月呢？真是叫天天不应，叫地地不响，苍天如何给我这样残酷的刑罚呢！从此我再不信有天道、有人心，我恨这世界，我恨天，恨地，我一切都恨。我恨他们为什么抢了我的你去，生生地将我们两颗碰在一起的心离了开去，从此叫我无处去摸我那一半热血未干的心。你看，我这一半还是不断地流着鲜红的血，流得满身只成了个血人。这伤痕除了那一半的心血来补，还有什么法子不叫她不滴滴地直流呢？痛死了有谁知道？终有一天流完了血自己就枯萎了。若是有时候你清风一阵地吹回来见着我成天为你滴血的一颗心，不知道又要如何地怜惜如何地张皇呢。我知道你又看着两个小猫似眼珠儿乱叫乱叫着。我希望你叫高声些，让我好听得见，你知道我现在只是一阵阵糊涂，有时人家大声地叫着我，我还是东张西望不知声音是何处来的呢。大大，若是我正在接近着梦边，你也不要怕扰了我的梦魂像平常似的不敢惊动我，你知道我再不会骂你了，就是你扰我不睡，我也不敢再怨了，因为我只要再能得到你一次的扰，我就可以责问他们因何骗我说你不再回来，让他们看着我的摩还是丢不了我，乖乖地又回来陪伴着我了，这一回我可一定紧紧地搂抱你再不能叫你飞出我的怀抱了。天呀！可怜我，再让你回来一次吧！我没有得罪你，为什么罚我呢？摩！我这儿叫你呢，我喉咙里叫得直要冒血了，你难道还没有听见么？直叫到铁树开花、枯木发荣，我还是忍心等着，你一天不回来，我一天地叫，等着我哪天没有了气我才甘心地丢开这唯一的希望。

你这一走不单是碎了我的心，也收了不少朋友伤感的痛泪。这一下真使人们感觉到人世的可怕、世道的险恶，没有多少日子竟会将一个最纯白最天真不可多见的人收了去，与人世永诀。在你也许到了天堂，在那儿还一样过你的欢乐的日子，可是你将我从此就断送了。你以前不是说要我清风似的常在你的左右么？好，现在倒是你先化着一阵清风飞去天边了，我盼你有时也吹回来帮着我做些未了的事情，只要你有耐心的话，最好是等着我将人世的事办完了同着你一同化风飞去，让朋友们永远只听见我们的风声而不见我们的人影，在黑暗里我们好永远逍遥自在地飞舞。

我真不明白你我在佛经上是怎样一种因果，既有缘相聚又因何中途分散，难道说这也有一定的定数么？记得我在北平的时候，那时还没有认识你，我是成天地过着那忍泪假笑的生活。我对人老含着一片至诚纯白的心而结果反遭不少人的讥诮，竟可以说没有一个人能明白我，能看透我的。一个人遭着不可言语的痛苦，当然地不由生出厌世之心，所以我一天天地只是藏起了我的真实的心而拿一个虚伪的心来对付这混浊的社会，也不再希望有人来能真正地认识我明白我，甘心愿意从此自相摧残地快快了此残生，谁知道就在那时会遇见了你，真如同在黑暗里见着了一线光明，遂死的人又兑了一口气，生命从此转了一个方向。摩摩，你的明白我，真算是透彻极了，你好像是成天钻在我的心房里似的，直到现在还只是你一个人是真还懂得我的。我记得我每遭人辱骂的时候你老是百般地安慰我，使我不得不对你生出一种不可言喻的感觉。我老说，有你，我还怕谁骂；你也常说，只要我明白你，你的人是我一个人的，你又为什么要去顾虑别人的批评呢？所以我哪怕成天受着病魔的缠绕也再不敢有所怨恨的了。我只是对你满心的歉意，因为我们理想中的生活全被我的病魔来打破，连累着你成天也过那愁闷的日子。可是两年来我从来未见你有一些怨恨，也不见你因此对我稍有冷淡之意。也难怪文伯要说，你对我的爱是Come and true的了。我只怨我真是无以对你，这，我只好报之于将来了。

我现在不顾一切往着这满是荆棘的道路上走去，去寻一点真实的发展，你不是常怨我跟你几年没有受着一些你的诗意的陶熔么？我也实在惭愧，真也辜负你一片至诚的心了，我本来一百个放心，以为有你永久在我身边，还怕将来没有一个成功么？谁知现在我只得独自奋斗，再不能得你一些相助了，可是我若能单独撞出一条光明的大路也不负你爱我的心了，愿你的灵魂在冥冥中给我一点勇气，让我在这生命的道上不感受到孤立的恐慌。我现在很决心地答应你从此再不张着眼睛做梦躺在床上乱讲，病魔也得最后与它决斗一下，不是它生便是我倒，我一定做一个你一向希望我所能成的一种人。我决心做人，我决心做一点认真的事业，虽然我头顶只见乌云，地下满是黑影，可是我还记得你常说"受苦的人没有悲观的权利"。一个人决不能让悲观的慢性病侵蚀人的精神，让厌世的恶质染黑人的血液。我此后决不再病（你非暗中保护不可），我只叫我的心从此麻木，不再问世界有恋情、人们有欢娱。我早打发我的心、我的灵魂去追随你的左右，像一朵水莲花拥扶着你往白云深处去缭绕，决不回头偷看尘间的作为，留下我的躯壳同生命来奋斗。

到战胜的那一天，我盼你带着悠悠的乐声从一团彩云里脚踏莲花瓣来接我同去永久地相守，过吾们理想中的岁月。

一转眼，你已经离开了我一个多月了，在这段时间我也不知道是怎样过来的，朋友们跑来安慰我，我也不知道是说什么好。虽然决心不生病，谁知一直到现在也没有离开过我一天。摩摩，我虽然下了天大的决心，想与你争一口气，可是叫我怎生受得了每天每时的悲念你的一阵阵心肺的绞痛。到现在有时想哭，眼泪干得流不出一点；要叫，喉中疼得发不出声。虽然他们成天地逼我一碗碗的苦水，也难以补得我心头的悲痛，怕的是我恹恹的病体再受不了那岁月的摧残。我的爱,你叫我怎样忍受没有你在我身边的孤单。你那幽默的灵魂为什么这些日子也不给我一些声响?我晚间有时也叫了他们走开,房间不让有一点声音,盼你在人静时给我一些声响,叫我知道你的灵魂是常常环绕着我,也好叫我在茫茫前途感觉到一点生趣,不然怕死也难以支持下去了。摩!大大!求你显一显灵吧,你难道忍心真的从此不再同我说一句话了么?不要这样的苛酷了吧!你看,我这孤单一人影从此怎样去撞这艰难的世界?难道你看了不心痛么?你爱我的心还存在么?你为什么不响?大!你真的不响了么?

当惊闻徐志摩遇难的死讯时,凌淑华悲恸不已,饱蘸泪水撰写出了《志摩真的不回来了吗?》,随即在1931年12月6日的《晨报学园》上发表出来。

志摩真的不回来了吗?

凌叔华

志摩,你真的死了吗?谁会相信像你这样一个有生气的人会死了的?得到这消息时,我就不信,可是问了几处,都答说是真的,回电已证明了。可是我仍然不相信,我骗自己说:"也许这孩子觉得日子太平凡了,存心弄点玄虚来吓一吓他的朋友吧!再说,他哪里像会死的人呢?"

我分明记得你在南去前两天告诉我"明早要御风南去",可是第二天在电话里你答我说"风太大,吹回来了",电话里的带笑的顽皮声分明还在我耳朵里响,那绝不是梦,安知你这一次不会又向我来电话说被风吹回来呢?可是我呆呆等了三天电话,等到去济南探望的朋友回来,听他们讲志摩身体比其余两人完整多了,竟在空机架内度了两个黑夜(听到这里,我不禁还说这却是他平日所爱的昏夜梦境,有时听得到枭鸟怒号的荒

郊——他诗的幻象）。可是这憔悴了的朋友，他不得不往下说志摩是已经装在棺材里了，上面有块玻璃，只看见他的脸。呀，谁会相信有这样荒唐的事，把这样一个活的人儿，装在一只不见阳光、不沾风露的木匣子里？别是哪个淘气精要同志摩开玩笑，故意做出这可怕的东西来恼他吧？志摩，我相信你会跳起来把这一个人收拾收拾的！

我就不信，志摩，像你这样一个人肯在这时候撇下我们走了的。凭空飞落下来解脱得这般轻灵，直像一朵红山棉（南方叫英雄花）辞了枝桠，这在死的各色方法中也许你会选择这一个，可是，不该是在这时候！莫非你（我在骗不过自己时，也曾这样胡想）在云端里真的遇到了上帝，那个我们不肯承认他是万能主宰的慈善光棍，他要拉你回去，你却因为不忍甩下我们这群等待屠宰的羔羊，凡心一动，像久米仙人那样跌落下来了？我猜对了吧，志摩？

我真不相信你永远不回来了，志摩！我们这群人没有了你这样一个人，我们怎样过日子？你不是对我说过，"我想我的力量虽则有限，在我们告别生命之前，我们总得尽力为这丑化中的世界添一些子美，为这贱化的标准堕落的世界添一些子价值"吗？现在这世界只有一日比一日丑化贱化，为什么你竟忍心偷偷地先走了呢？你难道不曾知道我们是没有对现世界下总攻击的力气吗？莫不成你是畏难先逃了？可是我不相信你忍心看着我们跪向撒旦跟前讨饶，因为我们活着既没勇气或性气做出一些事使得撒旦咬牙切齿，更没有胆子摸上他那条黑黝黝的道路。我们真不中用呀！志摩！我并不是编些话来哄你欢喜，说你是能干的人，不过我们实在相信你是真的一个自己所说的"同情寻求者……也是一个价值的寻求人"，你的性情、脾气、努力，已经证明你的追求，有了一些着落（你看见你的几十个朋友在这几天内为你怎样的心碎吧？）。在这种局促世界里但凡不是肠肥腹满白日也做梦的人，谁不是时时望着撒旦的伟大暗暗点头佩服。哎，志摩，我只听你一个人断然说过这样勇敢的话："我不能不相信人生的底质是善不是恶，是美不是丑，是爱不是恨；这也许是我理想的自骗，但明明知是自骗，这骗也得骗，除是到了真不容自骗的时候，要不然我喘着气为什么？"（这是抄你给我信上的话）我们就不能像你这样肯自己骗自己,我们知道是骗着做的就要灰心丧气,你却不这样。你平常因为你的寻求使命,常常做出我们大家不肯做的事,到我们说你笑话你(虽然这说笑常是大人对自己孩子的态度),可是在今天我们想到你时,想到你的性气事迹,我们都含着泪点头了。志摩,你也知道吗?

在三年前的夏夜,志摩,想你还记得吧,我同通伯忽然接到你要过东京一晤的电报,第二天一睁开眼我就说梦见志摩来了。通伯说真的吗?我也梦见他来呢。说着我们就去接早车,心下却以为或者要等一天,谁知人一到车站,你便在迎面来的车里探出头来招手了,这事说来像是带神秘性,或是巧得不可信;可是我们安知不是宇宙间真有一种力!那是科学还没有方法证明,宗教上或以为灵异的一种力,在朋友是你寻求的爱,在艺术是你寻求的美呢?志摩,可怜你的话,有风趣的话,我们永远听不见了,不然,你的解释一定是我们梦想不到的。

完了,完了,"让你的泪珠圆圆地滴下,为你这长眠着的美丽的灵魂"。真可怜吧,我此刻还得用你的话来还你,再也想不出一句美的句子了,也许是永远想不出了!志摩,你真的不回来了吗?

徐志摩与四个女人理不清的情感是"一树一树的花开,是燕在梁间的呢喃",是人间情感的悲欢体验,是曾经有过的烟花瞬间的灿烂,他与她们的过往就像"那街灯一直亮到天边",是一段段斩不断的情缘。

"人间自是有情痴,此恨不关风与月。

离歌且莫翻新阕,一曲能教肠寸结。"

当我们读着这些泛黄的文字,这些曾被泪水浸湿的诉说,是否感知到了锥心的疼痛?刻骨铭心的相思?

正所谓:

"十年生死两茫茫,不思量,自难忘。千里孤坟,无处话凄凉。"

红颜知己情缘意,此情可待成追忆。

JINAN 济南故事

第八章

诗城济南的追忆

在那天朝上,在雾茫茫的山道旁,
新生的小蓝花在草丛里睥睨,
我目送她远去,与她从此分离——
在青草间飘拂,她那洁白的裙衣!

——徐志摩:《在那山道旁》节选

徐志摩纪念公园效果图

虽然徐志摩作别人世已88载,但济南人却不曾忘记这位才华横溢的浪漫主义诗人与济南这座千年诗城的缘分。

1987年深秋,济南著名作家任远先生专门到党家庄、炒米店一带做了实地考察,并访问了当年亲眼见到过飞机残骸的老农,确定徐志摩的殉难地在开山北端一处叫北大山的东坡。

作家任远(中)探访考证诗人徐志摩遇难地济南长清开山(北大山)

2006年3月27日,为纪念徐志摩在北大山罹难75周年,诗人徐志摩纪念公园标志性碑石揭幕仪式,在长清大学科技园举行。《人民文学》主编韩作荣,济南大学科技园管委会主任阴波,学者刘福春、施战军、孙基林、吴开晋、吕家乡,诗人牛汉、食指、叶延滨、林莽、王明韵、北野、江非、路也、邰筐、芦苇泉、王夫刚、孙方杰、韩青、赵林云、逄金一、李先锋、戴长伸、解泉声等近百名嘉宾,来自大学城9所高校和济南三中的400多名师生参加了揭幕仪式。

徐志摩纪念公园标志性碑石揭幕仪式是中国作家诗刊社主办的"春天送你

一首诗"全国大型诗歌朗诵会主题活动之一,由中共长清区委宣传部主办,长清大学科技园管委会承办,山东工艺美术学院、济南第三中学协办,中央电视台、中国作家网、文艺报等数十家来自北京的新闻媒体做了现场采访。

在徐志摩纪念公园奠基仪式上的讲话

牛汉

大家好!

我今年83岁,写诗写了60多年,从十五六岁起就学着写,直到现在仍在学着写。

在这里,一说到徐志摩,我就想到一种时代精神——五四精神。徐志摩是五四精神在诗歌领域杰出的代表。这是有根据的:他的诗,不但具有民族的传统,而且有着人类世界博大的人文精神。

他有人生理想,非常非常热爱诗歌,人又聪慧。他的诗歌作品并不是很

诗人牛汉在徐志摩纪念公园奠基仪式上讲话

多，但是都写得很精美。

我与徐志摩有缘分，读的第一本诗集，就是徐志摩的《翡冷翠之夜》。我父亲是五四青年，大革命时期他在北京大学旁听了两年，后来回到了山西老家，实实在在种了三四年地。他从北平带回好多书，鲁迅的，闻一多的，也有徐志摩的，还有《新月》杂志，是全套的合订本。我父亲天天喝酒看书，他特别喜欢徐志摩的诗。那时我八九岁，也看，诗看不懂，只喜欢《新月》的插画。受父亲的感染，我对徐志摩很尊敬，是感动上那种纯真的尊敬。

后来有一段时间，硬说徐志摩不能代表五四精神，这是不对的。他们不了解徐志摩。有缘分的是，我平反之后，最早选的一套选集，就是徐的诗选。1985年我随丁玲去澳大利亚访问，在香港停留期间，为香港三联书店编了一套中国现代文学选集，有一本《徐志摩诗选》，我写的序，写得随便，跟一篇散文一样，序文里回忆到了父亲对徐志摩诗歌的热爱和几十年来我对徐诗的认识变化。徐志摩是永远不可磨灭的一个伟大的诗人，他的清纯的人格和他的诗，都保留在我思想的深处。又过了几年，人民文学出版社编印《徐志摩诗选》，我请卞之琳先生写序。卞先生多年来默默地在家里生活，我求他写，求了好几次，他答应了，我跟卞先生有师友之间的交情。卞先生对徐志摩做了全面的评述，对他的人品与诗，给了充分的肯定。

记得徐志摩先生有篇文章说，中国的新诗还需要更大的自由。他认为中国诗歌生存境况需要解放，要充分体现个性自由。

谈到诗，我看到，现在有些年轻诗人写诗写得很随便，很自由，显出几分浮躁，诗写得开脱，但没有节奏，更没有韵味，这需要不断地提高艺术情境。

今天，我很高兴来到这里，参加徐志摩纪念公园的奠基仪式。

这座山并不高，但是登上这座山感到非常亲切。这座山很有力度，坚实不朽。山不在高，有仙则灵。徐志摩是现代诗歌的仙人。将来，我相信这地方会成为一片仙境，大家都来纪念他。徐志摩对我的影响很深。他看起来很文弱，但骨子里很坚定。他一生挚爱诗，他爱一个人就是爱到底，爱到死。

2006年4月16日起,山东师范大学文学院在长清校区举办了纪念徐志摩逝世75周年的展览。此次展览由文学院陀螺文学社联合文竹书社、灵犀诗社等班级社团举办,简明介绍了徐志摩的生平、创作以及评价;此外,展览还开辟了留言板"给徐志摩的话",供同学们写下自己想对诗人说的话或给诗人的祝福。在为期一周的展出里,展览的留言板写满了同学们的祝福与心声。

2007年11月19日上午,徐志摩罹难纪念碑在济南徐志摩纪念公园举行揭碑仪式。

在徐志摩纪念公园,来自徐志摩故乡浙江海宁、罹难地山东济南的两地领导、专家与山东师范大学等高校的百余师生一起,为诗人竖起了一块纪念碑。

上午9点30分,在北大山巨大的彩虹门下,长清区委常委、宣传部部长刘明霞和海宁市委宣传部副部长吴建林共同为纪念碑揭碑。紫红的花岗岩纪念碑正面,有书法家吴甫明撰写的"志摩,故乡人民怀念你"9个大字;背面则有"不幸罹难于此,一生追求爱、自由和美"等内容。

刘明霞告诉前来采访的记者,徐志摩自76年前在此遇难后,引起了很多人的怀念:"去年春天,我们建起了一个徐志摩纪念公园;今天的这次活动,在为无数学子提供一个更加丰富的地域文化活动场所、为济南增添新的人文景区的同时,也为长清、海宁两地文化交流架起了一座桥梁!"

海宁市委宣传部副部长吴建林表示,海宁的名人文化资源非常丰富,举办此次活动,是想让海宁的名人文化走出海宁,走向全国,同时也以此为契机,通过跨地区的文化、经济、社会等方面的交流与沟通,来实现共赢和社会和谐。据海宁市政协文史研究会副会长、徐志摩研究会会长章景曙介绍,这是继去年纪念徐志摩逝世75周年在海宁举办西山诗会以来又一次较大规模的纪念活动。

2010年11月19日,是著名诗人徐志摩在济南遇难79周年的纪念日,山东女子学院校团委组织开展了纪念徐志摩逝世79周年活动。"读书协会"和"晨曦文学社"的30余名同学来到北大山徐志摩飞机失事地点,在徐志摩纪念碑前放下了亲手制作的几十朵小白花、野菊花编成的花束,并在碑前三鞠躬,深情地

山东师范大学文学院四社团开展纪念徐志摩逝世80周年活动

朗诵徐志摩的著名诗篇——《再别康桥》和《去吧》。

2011年11月9日，为纪念诗人徐志摩逝世80周年，山东师范大学文学院开山诗社、爱书学乐会联合稷下凤国学社、陀螺文学社在长清校区共同举办了首场活动。活动邀请了文学院博士生导师、哈佛访问学者吕周聚老师做题为《徐志摩与中国新诗》的讲座。众多学生来听取吕老师的讲座。

在主持人介绍了吕老师和引入徐志摩《再别康桥》一诗后，吕老师的讲座娓娓道来。他从自己学生时代对徐志摩的喜欢和研究说起，随后，他从徐与济南的关系、当年飞机失事的原因、徐的思想、爱情、生活，徐对中国新诗的贡献这几个大的方面向在场的同学们介绍了徐志摩这位浪漫主义诗人的传奇一生。吕老师在讲座中重点分析了徐诗，将徐的才情讲得通透易懂，并阐述了这位追求自由主义、理想主义、人道主义并抱有英国式远大理想的诗人的空灵意境。通过这次讲座，人们更加了解了徐志摩的生平故事和他的浪漫才情。

2011年11月17日，由济南市文联、济南市作协、长清区委宣传部联合主办的纪念徐志摩先生遇难80周年缅怀仪式及座谈会在长清区举行。来自山东省及济南市的有关领导、知名诗人、诗评家和媒体代表30余人出席了此次活动。

座谈会上山东大学教授吴开晋、耿建华,山东师范大学教授袁忠岳,济南市作家协会名誉主席孙国章,顾问李良森、阴波,副主席杨健,秘书长董超岩及诗人陈忠、宋俊忠、陈莹、吴文峰、王远西等先后发言。

2011年11月19日下午,山东劳动职业技术学院的大学生记者团、北大山文学社及光影社成员代表一行40多人,在社团指导老师的带领下,从长清校区出发,徒步来徐志摩纪念公园,拜祭徐志摩先生。

2012年6月3日午后,徐志摩的孙子徐善曾偕妻子、女儿来到济南长清,在祖父遇难处敬献花篮。徐善曾说,自己从未见过祖父,这是第一次到济南来寻访祖父的遇难处,心情十分复杂:"这是我第一次来济南,感谢济南当地的政府部门和我的友人安排这次行程,让我能有机会亲自到祖父遭遇飞机失事的地方实现我一直以来的愿望。"

2012年6月4日上午,2012中国济南徐志摩研讨会在济南舜耕山庄召开。徐志摩先生的孙子徐善曾博士一家特意从美国前来参加此次研讨会。

会议由首都师范大学中国诗歌研究中心、中国诗歌学会和"以教育促进世界更美好"国际教育学会(PMME)联合主办,山东省侨务办公室和济南市侨务办公室协办。山东省和济南市侨务办公室负责人刘方会和陈晓莉、苏峰主任,

徐志摩曾孙女徐文慈(左一)、徐志摩长孙徐善曾(左二)在研讨会上

"以教育促进世界更美好"国际教育学会负责人之一张葵教授,中国科学院地质所原所长孙枢院士,中国诗歌学会李小雨秘书长,首都师范大学中国诗歌研究中心主任赵敏俐教授、副主任吴思敬教授和孙晓娅副教授,山东大学文学院原院长吴开晋教授,北京市社会科学院文学研究所韩文敏研究员,山西省作家协会副主席、著名作家韩石山以及济南著名诗人桑恒昌、王夫刚、逄金一、王展、陈忠、吴文峰等人出席了本次会议。

会议开幕式由山东大学吴开晋教授主持。刘方会主任代表山东省侨办,陈晓莉女士代表济南市侨办,赵敏俐教授代表首都师范大学中国诗歌研究中心,李小雨女士代表中国诗歌学会,张葵教授代表PMME协会致辞。

研讨会分为三场,分别由李小雨、孙晓娅、赵敏俐主持。徐善曾博士首先在其题为《希望更多地了解祖父徐志摩》的发言中,以图文的方式深情追忆了自己的家族往事,并向与会者展示了海外华人纪念徐志摩的活动场面。吴思敬教授围绕徐志摩在中国诗坛的地位及其诗歌的经典化问题展开论述,吴开晋教授就徐志摩的历史地位与诗歌语言艺术进行了阐释。孙晓娅副教授以《真诗人:徐志摩》为题,从作为编辑的徐志摩、徐志摩散文、诗歌与戏剧创作的互文和跨文体写作研究谈起,从部分鲜为人知的史料中还原"真"在徐志摩身上体现的多元内涵,并提交了她和学生特别为本次会议整理的《徐志摩诗文研究资料索引(1923—2012)》。韩石山则结合自己编

济南徐志摩研讨会合影

著《徐志摩全集》的经历，向大家详细介绍了近年来徐志摩著作的编辑出版状况，以及他多年致力于徐志摩研究中发现的一些问题，并向徐善曾一家郑重赠送了一套他编著的《徐志摩全集》。张葵教授以图文结合的方式向与会者呈现了剑桥校园里留存的与徐志摩相关的景象和细节。

日本清河大学法学部加藤阿幸教授在其提交给大会的论文中详细解读了徐志摩的《留别日本》一诗。孙枢院士则在其题为《天下金柳何处觅》的图文报告中细致考证了"金柳"这一徐志摩诗中经典意象的植物学特征，进行了深入的中西诗学比较分析。韩文敏研究员从徐志摩写于1920年代的《欧游漫录》中对苏俄革命的看法谈起，详细论述了知识分子对革命认识之异同，指出徐志摩政治的敏感和个别超前看法。

最后，赵敏俐教授希望两年后邀请徐家后代到首都师范大学中国诗歌研究中心参加徐志摩研讨会。吴思敬教授为本次会议进行了总结，他认为此次研讨会虽简短精练，却打通了科学界与文学界、海外与国内、诗人亲属与研究者之间的界限，而这也恰恰证明了徐志摩的影响绝不仅限于文坛，更渗入当代大众生活的诸多方面。徐志摩研究者和其家属在会上提出的研究思路和有关资料对推动今后的徐志摩研究必将起到重要作用。

至此，2012中国济南徐志摩研讨会在融洽友好的气氛中圆满结束。

2012年8月4日—5日，陈忠、逄金一、李炳锋、王展、吴文峰等六人参加诗人徐志摩故里浙江海宁市开展文学交流及采风活动。浙江海宁是志摩先生的出生地，山东济南是徐志摩先生的遇难地，近年来济南市先后举办了徐志摩纪念公园揭牌仪式、纪念徐志摩遇难80周年座谈会，中国济南徐志摩学术研讨会等活动，一批热心人士，积极通过各种力量在助推济南徐志摩文化公园建设。此次活动是经百度贴吧徐志摩吧主、企业家罗烈洪先生热情联络促成的，是继2012年7月初罗烈洪先生访问济南后开展的一次推动两地徐志摩文化交流的学术活动。

8月4日上午，济南作家一行首先拜谒了位于海宁西山的徐志摩墓并敬献花篮，在墓前举行了徐志摩先生诗作朗诵活动。后又参访了徐志摩旧居，向徐志摩旧居赠送了书法作品，更为难得的是，在当地文史学者张云鹏先生的带领下，济南作家诗人一行六人和罗烈洪先生等人，专门赶到位于海宁东山的徐志摩墓原址进行拜谒（原墓20世纪60年代被破坏，80年代在西山重新修建了现在的徐志摩墓），原墓仅存祭台等原物，是经张云鹏先生不懈努力找到并得以保护的。

13天后，陈忠在济南写下了这首《东山的月亮》：

月亮的羽毛落到了东山的山坡上
上塘河细碎的波浪
荡漾
苍凉

月亮，到处是月亮；而智标塔上的
更亮

碑文，横倒在地上
杂乱的野草之间，一个诗人的坟茔
只留下"黑巍巍的星光"
照着清冷冷的魂

谁独自坐在石板上？唱起追魂调
月亮，不敢叹息
只有清泪两行，挂在一轮消瘦的脸庞

那片湿润的月光，也滴落在了
我的脸上

8月4日下午，海宁、济南徐志摩文化交流座谈会在海宁市张宗祥纪念馆举行，海宁市徐志摩研究会会长、海宁名人研究中心主任章景曙先生，徐志摩研究专家顾永棣先生，徐志摩研究会副会长、海宁市史志办主任、《陆小曼传》

作者柴伟梁，诗人汉江、冬箫及有关专家等20人出席座谈会。章景曙先生代表海宁重点介绍了海宁及徐志摩研究会成立以来开展的各项工作和研究内容，概括了当下徐志摩研究的成果和海宁作为徐志摩故乡所做的各项工作。济南的与会诗人就两地徐志摩文化的研究和活动开展交换了意见，座谈会上其他与会人员也分别从不同角度畅谈了对徐志摩文化研究的认识、意义和设想。大家认为，海宁与济南在徐志摩研究和文化交流方面地位独特、意义重大，两地应积极挖掘和梳理各地优势资源，共同开展徐志摩文化研究，进一步拓宽视野，结合诗人的作品、人品和这一独特人文品牌的影响力，不断加强沟通与合作，共同推动国内乃至国际的徐志摩文化交流工作。

8月4日晚，罗烈洪设宴招待济南和海宁的朋友。

8月5日，济南作家一行重点参观了海宁博物馆、徐邦达艺术馆、张宗祥纪念馆、史东山纪念馆、王国维纪念馆等海宁重要名人文化遗迹，亲身感受海宁这座江南文化名城的文化魅力。

2012年9月，《哭摩》一书由金城出版社出版，此书由山东工艺美术学院教授、徐志摩史料发掘者王任整理成册，该书是王任多年来围绕徐志摩遇难之谜，整理和亲自考证的文章汇集成的一本文献集，以"还原历史现场，历揽众说纷纭；穿越八十春秋，追忆一代诗魂"。

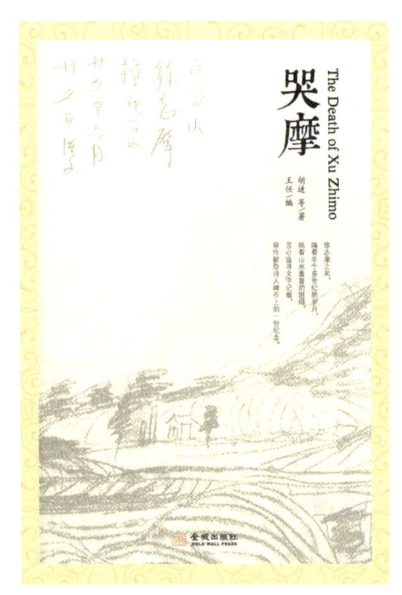

王任编的《哭摩》图书封面

2012年9月6日上午，济南市作协副主席王展、济南市作协副秘书长陈忠、《济南日报》记者逄金一、市园林局文联主席李炳锋、济南市园林局设计院赵晓平院长及设计院两位工程师和作家赵峰一一起乘车前往长清北大山徐志摩遇难地考察，准备为"诗人林"、纪念碑、纪念亭前期设计做勘察工作。

2012年11月13日，《济南日报》刊登了记者逢金一撰写的《徐志摩纪念公园设计图出炉——园址位于长清北大山山坡徐志摩遇难处》文章。

文章写道：

今年11月19日是著名诗人徐志摩济南遇难81周年纪念日。为缅怀这位富有传奇色彩的浪漫主义诗人，由市作协、市园林文联牵头，市园林规划设计研究院具体承担的徐志摩纪念公园设计图经过多方协商、数易其稿，近日正式出炉。纪念公园园址正式确定位于徐志摩遇难处的长清北大山山坡上。纪念公园依山而建，整体设计以一个新月形纪念广场为中心，广场背景是镌刻着众多纪念诗作的诗碑。一级级台阶自山下蜿蜒而至广场，并沿广场继续向上，一栋庄重大方的纪念亭迎风玉立，亭内设计有诗歌题咏等相关内容。小路一直通向山顶，行者可以登山一眺远方。据市园林规划设计研究院景观设计师王坤先生介绍，纪念公园在设计理念与具体思路上，主要考虑了以下四个方面的因素：一是在布局上，考虑到徐志摩是新月派代表诗人，纪念公园小广场部位的造型即以一弯新月为主，结合诗人的生平经历特色，创造了曲折有致、丰富多彩的空间环境；二是在风格上，以现代建筑风格为主，主要是为了适应现代人的审美需求，特别是考虑到了山下不远处就有工艺美院等多所高校等因素；三是在功能上，以尽量满足人们特别是附近大学城师生们凭吊诗人、进行一些文化交流活动为追求，尽量使之能够成为开展文学、文化活动的一个户外优美场所；四是在植被上，为烘托气氛，结合诗人的浪漫特色，特意选择了富有浪漫、温馨、飘逸特点的花冠木、秋季色叶植物等。

2012年11月22日，《济南日报》记者逢金一专题报道了济南徐志摩纪念公园设计图出炉的消息，远在美国的徐志摩长孙徐善曾发来电子信函称"对纪念公园的建成充满期待"。

之前，逢金一将《济南日报》刊发的消息及相关图片一并传给了这位耶鲁大学的博士，由于徐善曾不识中文，逢以简单的英文将整个事情向徐做了简要描述，只是细节没有时间全部传达。徐善曾仍然通过传过去的图片与逢的片言只语,感受到了新的冲击。他首先表达了他的感谢之情与赞美之意:他用"优美的""美妙的""精致的"来评价徐志摩纪念公园设计图,他说:"The architect should be commended for his exquisite design which was beautifully conceived."(设计图构思优美,设计精致,设计师应该得到褒扬。)他又赞叹说:"What a wonderful thought to honor my grandfather."(这是一个多么美妙的想法,它将为我祖父增光添彩。)

　　徐善曾还热切地想知道徐志摩纪念公园与《徐志摩与济南》一书的所有具体情况,他有些迫切地问到纪念公园的具体建设情况、《徐志摩与济南》一书所涉及的方方面面。"If not too much trouble please let me know of any developments."(如若不很麻烦的话,请尽量让我彻知它们所有的进展情况。)而在当年6月徐善曾来济南的时候,他也给现场的人们留下了4个他迫切想知道的问题:中国年轻人是否还喜欢徐志摩?徐志摩作品如何影响中国当代文学?新一代中国学者研究徐志摩的动力何在?徐志摩在整个中国文学史上的地位如何?总而言之,这位66岁的老人如今满世界寻找他祖父的足迹,对关于徐志摩的各种公共事情充满关切之情。徐善曾还表示,作为耶鲁大学的博士,他手头正在进行一个很大的公共项目,待时机成熟,他会静下心来接受专访,回答济南人民对徐志摩以及他本人的关心。

　　2013年1月7日,《济南日报》刊登了记者逄金一撰写的《远在美国的徐志摩长孙问候济南、问候"摩丝"——徐善曾:今年完成志摩传记》文章。

　　本报关于徐志摩纪念公园系列报道不断有新的进展。《嘉兴日报》副刊《江南周末》编辑沈秀红日前与本报记者联系,对相关信息非常感兴趣,表示将及时跟踪关注。在网络上,各大门户网站如中新网、新华网、新浪网、搜狐网、中国作家网等也都详细报道了与之相关的新闻。远在美国的志摩长孙徐善曾先生日前也跟记者通信,透露了诸多信息,他问候济南,问候国内众多"摩丝",并表示,他倾力创作的祖父传记今年年初将会正式面世。

　　对徐志摩来说,2012年是个比较特殊的年份:2012年1月15日是他115周岁

徐志摩纪念公园效果图

诞辰，海宁市政府投入百万元资金对其故居重新布展。这一年，徐善曾同样也很忙，6月他到济南参加关于徐志摩的国际学术研讨会；11月17日至19日，在徐志摩逝世81周年之际，海宁市举办了第三届徐志摩诗歌节，徐志摩故居也于18日正式重新开放，而央视与海宁市政府联合摄制的大型文化纪录片《徐志摩》同时举行了首播仪式。徐善曾一行由此也应邀到志摩故居拍摄纪录片《徐志摩》的部分镜头。此前，徐善曾还曾随央视摄制组远赴英伦，帮助摄制组找到徐志摩当年生活和学习过的地方，和可能激发他写作灵感的田园景色。

当徐善曾还是密歇根大学物理和工程学的一名学生时，他就开始搜集祖父的资料。这些年来，他的兴趣有增无减。为祖父立传的想法不停酝酿发酵。问及何时完成祖父传记，徐善曾说，他计划在2013年初完成这一复杂故事的首稿。这一工作对任何人来说都是一项挑战，何况徐善曾有工科背景，可没有文科背景，而且他受的教育都是英文的，他只能依赖英文翻译来阅读祖父的诗歌和有关他生活的文稿。过去几年，徐善曾开始满世界地搜集祖父遗留的资料，拜访他学习和生活过以及那些对他产生重大影响的地方。这其中包括英国、印度、俄国以及中国的许多城市，包括济南。徐善曾说："我正在寻找这些地方的美、深度和意义。"

2013年1月11日《济南日报》刊登了记者逄金一撰写的《志摩君三至济南 徐善曾茫然无知——徐志摩长孙再次致信本报》文章。

徐志摩曾三至济南，谁人知晓？记者号称也是一个"摩丝"，但的确也不知有这档事。这事儿甚至连正在写作祖父传记的徐善曾都不曾知道！当记者从《徐志摩与济南》作者之一、诗人陈忠那里听到相关考证并向徐善曾提起时，远在美国的他立刻发信来问具体细节，因为记者近日工作繁忙，没有及时回信，他又迫不及待地与曾经与他有过联系的浙江《嘉兴日报》的沈秀红联系，打听徐志摩曾经三至济南的往事，而沈秀红最后还是把电话又打给了记者。

正在创作之中的《徐志摩与济南》作者之一、诗人陈忠向记者介绍说，因为沉醉于写作中，他还是忘情地称徐志摩为"志摩君"。"最有名的一次，"陈忠娓娓道来，"是在1924年4月22日。这一次很多人都知道。"这一次，徐志摩是陪泰戈尔来济，同行的还有林徽因、王统照等。单看第二天济南报纸上那醒目的新闻大标题，你就能知道当时的盛况——"东方诗神偕同金童玉女抵济！""世界著名长髯诗翁泰戈尔先生、长袍面瘦诗人徐志摩和人艳如花的林徽因小姐在一起如同一幅动人的松竹梅画卷……"这一次来济，"志摩君跟随泰戈尔三次公开演讲，登台翻译，陪同泰戈尔参观了齐鲁大学，和林徽因陪同泰戈尔参加了济南各校校长在铁路宾馆的宴请，陪同泰戈尔到济南第一师范学校参加了山东省、济南市各界欢迎泰戈尔的大会，并做了题为《一个文学革命家的供状》的演讲。在演讲开始之前，志摩君先给大家介绍了泰戈尔及此次来华访问的一些情况，随后又为泰戈尔的演讲做了翻译。志摩君诗一般的翻译语言为泰戈尔的演讲增辉生色不少，听众听得如痴如醉。演讲持续至黄昏时分才结束，在泰戈尔一行离开师范学校之前，志摩君还应大家的要求朗诵了先前写给林徽因的一首诗《你走》。其间，志摩君还陪着泰戈尔走马观花般游览了济南泉水。他还告诉王统照，有时间一定会再晤济南。"陈忠拿着《徐志摩与济南》初稿，跟记者如数家珍般说着。徐志摩还有两次来济南，很少有人知道，而这也正是徐善曾特别关心的。据陈忠考证，第一次是1914年8月22日，"这一年志摩君中学毕业，考入北京大学预科。他的父亲徐申如送他赴京。22日3时，他和父亲乘坐的火车抵达济南，当志摩君看到那座哥特式建筑风格的火车站时，被它那特具巴洛克建筑风格的圆柱形钟表楼的宏伟壮丽惊住了！""还有一次，是在1923年7月，"陈忠说，这一次是应好友王统照之约，和瞿菊农等人一起来的济南。"这天晚上，他们品尝了黄河鲤鱼。饭后又去逛大明湖。"对此，王统照还专门写作了《悼志摩》一文予以记述。文中如此说："那时虚空中只有银月的清辉，湖上已没有很多的游人，间或从湖畔的楼上吹出一两声的笛韵，还有船板拖着厚密的芦叶索索地响。志摩卧在船上看着疏星明月，口里随意说几句话，谁能知道这位诗人在那样的景物中想些什么？不过他那种兴致飞动的神气，我至今记起来如在目前。"之后，他们一行还去了泰山，看来一路游兴颇浓。"此后，志摩君的足迹再没有踏上过济南，但他并没有和济南断了联系。"陈忠最后说，"当担任过山东大学校长的赵太侔，在1929年被任命为山东省立实验剧院院长时，赵太侔曾聘请志摩君和洪深、梁实秋等人一起任通讯导师，剧院就设在济南，他非常高兴地接受了聘请。"

2013年1月15日《济南日报》刊登了记者逄金一撰写的《三张照片打动了徐善曾，他表示有机会一定重走志摩诗路、欣赏泉城美景——徐志摩嫡孙有心再访济南》文章。

本报1月11日刊发《志摩长孙再次致信本报》的消息，提到正在创作《徐志摩与济南》的作者之一、诗人陈忠先生向记者介绍了徐志摩鲜为人知的三至济南的详细情况，笔者随即译成简单英文发给美国的徐善曾先生。徐先生也很快便发回英文信函，字里行间透露出他的浓浓愿望：将来有时间一定重访济南，再走一走祖父曾经走过的地方，更近地触摸志摩诗路。

之前，记者曾向徐善曾提起过，据最新研究成果，他的祖父徐志摩先生共有三次到过济南。正忙于写作祖父传记的徐善曾于是疑惑而着急地来信询问：我知道祖父徐志摩曾有一次到济南，那是在1924年4月22日，他陪伴着印度大诗人泰戈尔来济南演讲，但是你提及的另外两次来济南是什么时间？为了什么原因？我们有何记录予以证明？在此次回信中，徐善曾首先感谢记者把志摩三至济南的时间、原因及大致情况告诉了他。之后，他又接着抒发了自己对记者信中所提事实的一些感想与认识。

在发给徐善曾的信中，记者受《徐志摩与济南》一书（初稿）的启发，灵机一动附上了三张照片，毕竟照片比记者朴拙的英语文字更有说服力。其中一张是济南老火车站的老照片，这是因为在1914年8月22日，徐志摩中学毕业，与父亲徐申如一起，坐火车抵达济南，当徐志摩看到那座哥特式建筑风格的火车站时，"被它那特具巴洛克建筑风格的圆柱形钟表楼的宏伟壮丽惊住了"。另两张照片是关于今日大明湖的两张照片，这是因为1923年7月，应好友王统照之约，徐志摩和瞿菊农等人一起来济南，逛了大明湖。王统照还专门写有一文，对湖畔的楼、楼上的笛韵、湖中船板拖着厚密的芦叶索索地响，以及当时的疏星明月都有细致生动的描述。不承想，这三张照片真的引发了徐善曾对祖父徐志摩所游历过的济南的浓厚兴趣，他说：The photos show some beautiful perspectives of Jinan which I hope to see the next time I return to Jinan.（照片显示出济南美丽的景象，希望下次返回济南时能去亲身游历一番。）他接着谈了自己对济南的认知：Although I don't know very much about Jinan, I have been told this city has some the most beautiful lakes and natural springs in China.（虽然对济南了解得不多，但有些人曾告诉我，济南拥有一些全国最美的湖泊与泉水。）他还马上进入为祖父写传的角色，以理性的思维分析说：I wonder if some of these beautiful and natural sights might have been part of the reason which attracted my grandfather to visit.（我想也许这些美丽的自然风光正是吸引我祖父当年游历济南的部分原因。）好客是山东人的特点，更是咱济南人的特点，既然美国客人这样夸赞济南，记者自然自告奋勇，回信说下次他老人家来济南的时候愿做导游，带他游遍济南的好山好水，徐善曾在下一封信中也马上友好地表示了感谢之意：Thank you for your kind offer to show me around the next time we visit Jinan.（谢谢你愿做我再游济南时的导游。）

高研班学员拜谒徐志摩遇难地

2013年5月17日，山东省作协第十届青年作家（报告文学）高级研讨班的部分学员，冒雨前往北大山拜谒徐志摩遇难地。

2013年5月18日上午，济南作协徐志摩研究专业学术委员会在济南市林业局西山基地成立。

徐志摩研究专业学术委员会（简称济南徐志摩研究会）隶属于济南市作家协会，业务接受济南市作家协会的指导，主要是开展徐志摩学术研究和交流，了解研究国内外有关徐志摩文学创作的各种概况和信息，加强与全国各地徐志摩研究会的沟通和学习，撰写有关徐志摩与济南相关资料及整理收集济南文学艺术界、诗人们对徐志摩的悼念活动的详细历史资料等有关文章，召开作品研讨会。

会议选举并通过了陈忠为委员会主任，济南市园林局纪委书记李炳锋、市作协副主席王展、市作协副主席逄金一、省工艺美院宣传部副部长王任为委员会副主任，云亮为委员会秘书长，历城区人大常委会副主任阴波为委员会名誉主任，诗人孙国章为委员会顾问诗人，作家杨健、王夫刚、罗珠、许立强、赵林云、董超岩、雒武、宋俊忠、陈莹、丁秀胤、吴文峰、张成、张晓媛、王文、崔桂军、钱欢青、杨曙明、许家波、王吉峰、郭光明等为委员会委员。

徐志摩研究专业学术委员会揭牌仪式

会上,委员会顾问孙国章代表济南市作协徐志摩研究委员会讲话:徐志摩是我们国家20世纪30年代浪漫派的著名诗人,在文学史上占有相当重要的地位。今天,在这里成立济南市作协徐志摩研究专业学术委员会是一件很好的事情,这对加强与外省市同类学会的交流、提升济南林业系统的文化建设、促进济南诗歌创作、对与济南有渊源的文化名人的研究都是深远意义。

来自徐志摩故乡海宁及徐志摩长孙徐善曾等的贺信:

济南市作家协会徐志摩研究专业学术委员会:

欣闻济南市作家协会徐志摩研究专业学术委员会成立,浙江省海宁市徐志摩研究会特此表示最热烈的祝贺!

现代诗人徐志摩在我国新诗发展史上产生过重要的影响,为新诗的发展进行过种种试验和探索,留下了许多优秀文学作品。作为诗人的家乡浙江省海宁市,对诗人的研究工作已历时十多年。我们希望今后能继续与你们开展更广泛的合作,相互支持,共同为推动徐志摩学术研究工作做出更大的贡献。

衷心祝愿济南市作家协会徐志摩研究专业学术委员会多出成果,越办越好,越办越强。

海宁市徐志摩研究会

2013年5月14日

济南市徐志摩研究专业学术委员会：

欣闻济南市作家协会徐志摩研究专业学术委员会于本月18日成立，特表示热烈祝贺！

徐志摩不仅是中国近现代著名的诗人、文学家，同时也是东西方文明、文化的继承者和友谊的纽带，由他参与开创的中国新诗、新文学道路影响广泛而深远。

徐志摩还是中国新文化运动的主要参与者和领导者，更是反封建、反压迫争取思想自由，社会和谐发展的身体力行者和引导者。

徐志摩现象影响广泛和久远，他的文学艺术源远流长，影响遍及整个华人文化圈。

相信济南市徐志摩研究专业学术委员会的成立，能积极有效地开展多种形式的徐志摩学术研究、交流、文艺普及活动，为弘扬中华文化精华、推进当代文学艺术水平、增强民族向心力，为建立民主、和谐的理想社会，做出有目共睹的贡献。

海宁徐志摩旧居纪念馆
2013年5月16日

徐善曾给济南徐志摩研究会的贺信：

I would like to extend my warmest wishes to the Jinan Xu Zhimo Study Society （济南徐志摩研究会） as they embark on their mission to study, understand and promote the literature of Xu Zhimo. We are very appreciative to know there is this group that is promoting a more in-depth understanding of Xu Zhimo and the literature of the Romantic period of modern Chinese writers. Our hope is that this group will inspire another generation of writers to breakthrough in China.

（译文：我愿意把最热烈的祝愿给予济南徐志摩研究会的成员们，因为他们所从事的是研究、理解志摩文学，从而提升志摩文学内涵的别一种事业。

我们也非常感谢这个团体，他们致力于探究一个更深入贴切的志摩形象以及现代中国作家的浪漫时段。我们希望研究会的成果将能启发中国新一代的作家们在自己的创作上有所突破。）

尊敬的陈忠主任：

欣闻济南徐志摩研究专业学术委员会将于2013年5月18日挂牌成立，本人特向贵会表示诚挚的祝贺！

近年来，徐志摩诗意的人生故事越来越受到海内外学术界和爱好文艺的青年群体的关注和喜爱，贵会的成立将有助于徐志摩综合研究及其文学艺术的普及、推动和推广，更有助于我国国民文艺水平和文学鉴赏力提高，是一件极有意义的事情。我相信，在陈忠老师及济南文学界诸位贤达的共同努力下，济南徐志摩研究专业学术委员会将会取得举世瞩目的成果和成就。

预祝济南徐志摩研究专业学术委员会成立仪式取得圆满成功！

随函附赠徐志摩像原版修复照片和海宁徐志摩故居全景照，以资留念。

张云鹏 敬贺

2013年5月14日 硖石

2013年11月24日，《齐鲁晚报》发表了由记者霍晓蕙和通讯员王任撰写的《冯骥才潘鲁生今春提议实施——徐志摩像将安放济南天津》通讯。

著名作家、学者冯骥才先生来到山东工艺美术学院，在省文联主席、山东工艺美术学院院长潘鲁生的陪同下，参观了由两人共同提议制作的徐志摩塑像小样。徐志摩塑像制成后将分别安放在天津大学和山东工艺美术学院校园内，以纪念徐志摩和这两座城市之间的不解之缘。"诗人徐志摩和天津、济南都很有缘。1916年，徐志摩考入天津北洋大学学习。1923年夏天，他曾回到天津讲学。1931年，徐志摩在济南西南郊的北大山遇难。"冯骥才告诉记者，当年徐志摩在北洋大学读法律专业预科，读本科时北洋大学撤销了法科，与北大法科合并，徐志摩随即转入北京大学学习。出于对诗人的怀念，冯骥才、潘鲁生在今年春季共同倡导为徐志摩塑像，并建议同一塑像在天津大学和山东工艺美术学院各安放一尊，作为永久的纪念，也是两所大学交流与友谊的纽带和见证。在山东工艺美术学院雕塑工作室，冯骥才和潘鲁生一起认真观看了徐志摩塑像的泥塑小样。该塑像由青年雕塑家商长虹创作，其雕塑代表作有清华大学《文献》、中国人民大学《郭影秋像》、北京航空航天大学《世纪之声》等。

看完雕塑小样后，冯骥才表示："在当下浮躁的世风中，出现了盲目忙碌于各类'工程'与'项目'的现象，大学校园里如何再现曾经的诗意与从容，如何再现具有那样精神气质的文人与学者，是值得思考的问题。"

冯骥才观看徐志摩泥塑小样

2014年6月1日，陈忠与吴文峰从济南西客站乘坐动车前往徐州参加"在康河的柔波里——国际视野下的徐志摩"学术论坛。

当驶出济南西客站时，天空下起了雨，临近长清北大山时，雨下得更密集了。车窗玻璃上的雨痕，像光阴汇集的泪水，缓慢地滑落着、滑落着……

很多事情是很难解释的，也是难以破译的。

吴文峰说："真不知道为什么，每次参加关于徐志摩的活动，天总是会下雨，难道是他带不走的那朵云，遇到了人间的呼吸，凝结而成的？"

北大山，远远地跃入我们的眼帘。

像在水墨画中，湿湿的。

然后，一闪而过。

当天上午九点半，"在康河的柔波里——国际视野下的徐志摩"学术论坛在徐州和声琴行二楼举行。

论坛参会者合影

论坛由徐志东主持。此次学术论坛首次以海外视野回眸诗人的文学成就及人生思想。参加此次学术论坛的有徐志摩研究者和喜欢徐志摩的诗人、学者近30人。

下午3点，徐志摩图书馆、新月杂志社揭牌仪式在彭城书院举行。随后，由华东师范大学陈子善教授在"徐志摩讲坛"讲述诗人徐志摩的诗意人生。

由诗人"风来满袖"发起成立的"徐志摩翻译奖"为大陆首个针对多语种开展评选的文学翻译奖项。评选对象为其他文字翻译为中文的诗集，两年举办一届。以"徐志摩"名字命名的诗歌翻译奖，旨在通过多语种诗歌译介，丰富当代诗歌美学，促进国内诗歌翻译的发展与繁荣。晚7点，文化节期间，对获奖翻译家及徐志摩翻译奖终生成就奖获得者进行颁奖。

随即，徐志摩诗歌朗诵会开始。朗诵会由"爱的礼赞、自由的灵魂、美的足音"三个篇章组成。

外面的雨，一直在下着。

深夜，陈忠、吴文峰与来自杭州的罗烈洪、香港的安娜女士、徐州的徐志东、山东德州的张勇一起，在一家名叫粥鼎记的饭店饮酒畅谈。

2014年6月2日，徐州，端午节。

上午，在徐志东的带领下，我们乘车来到了骆驼山下，探访徐志摩最后履踪的机场遗址。当我们登临和平高架桥上，凭吊徐志摩最后履踪的机场遗址时，一列火车鸣笛而过，向着南方……

斯时，天上的云彩，镀上了金边。

2014年6月13日下午，济南清音阁。

章景曙（左一）、陈忠（右一）为徐志摩图书馆揭牌

济南徐志摩研究专业委员会主任陈忠、副主任李炳锋、逄金一、王展、王任，委员雒武，济南园林集团规划设计院副院长陈朝霞等人在琵琶泉畔的清音阁，举行了济南徐志摩研究专业委员会成立一周年茶话会。

茶话会上，陈忠首先向在座的各位简单汇报了一下徐州举办的"中国（徐州）首届徐志摩文化节"的情况，然后，大家就出版《徐志摩与济南》一书提出了很多宝贵的建议，王任就目前很多关于徐志摩传记出现的杜撰和"小说式"的写作方法提出了自己的观点，同时，也对徐志摩在济南存放灵柩的地点提出了他的新发现。最后，大家就今后徐志摩研究方向和济南文化建设，提出了各自的建议，并初步商榷10月份在长清大学城举办"徐志摩诗歌朗诵会"的意向。

2014年8月24日，由山东广播电视台公共频道拍摄的《徐志摩遇难前后》播出。此片由大型纪实类栏目《山东往事》主播李平制片，采访对象系济南徐志摩研究会主任陈忠。

2014年10月17日下午，音乐人葛子玉与服装设计师薄卓群回母校山东工艺美术学院探望。回来的途中，突然想到学院东门就靠近诗人徐志摩的遇难地，于是，两人特意找了一家鲜花店，买了一束鲜花，在秋阳的照耀下，沿着崎岖的山间小路，到了徐志摩纪念公园。

两人初中时期就读过徐志摩的诗歌，对先生有着无比崇高的敬意，在纪念石碑前，他们恭恭敬敬地鞠了三个躬，默立了许久。

2014年11月29日上午九点半，由陈忠、王展、逄金一编著，线装书局出版发行的《徐志摩与济南》一书，在济南市泉城路新华书店举行"在诗城济南追寻徐志摩"读者见面会暨签售会。来自北京、海宁和山东的专家、学者、作者一同参加此次活动。

《徐志摩与济南》一书全方位地记述了徐志摩在济南遇难前后所发生的事件经过，披露了许多徐志摩在济南鲜为人知的细节和史料，整合并弥补了国内外徐志摩研究的不足和缺失。

该书由徐志摩嫡孙徐善曾作序。

这是一本以诗性化语言记述徐志摩在济南踪迹的彩色插图文集，该文集的文笔从容而灵动，飞扬而沉静，读者会从作者的文字里读到心灵的湿度、舒朗的格调与审美的态度。

2015年3月6日上午，济南市徐志摩研究专业委员会主任陈忠随同济南市国家税务局科研所所长马建、《税收与民生》杂志社主创人员以及长清区国税局局长蒋宝铸、副局长杨震一行来到位于济南大学科技园山东工艺美术学院以北的北大山徐志摩纪念公园对著名诗人徐志摩进行了凭吊。

徐志摩纪念公园所在地——北大山，正在大面积绿化，笔者看到新开了一条上山的路，公园的建设正在逐步进行中，不久的将来，这里会成为一个绿树满山，花开飘香的大学城公园。

《徐志摩与济南》

随后,在长清区国税局会议室,与会人员就四月份清明期间组织国税系统文学爱好者搞一次纪念活动的有关事项进行了商讨。参加此次商讨会的还有陈莹、牛文祥、巩学干、房红等同志。

2015年4月18日上午,由济南市税务学会和长清区国税局联合组织的"济水之南·徐志摩先生纪念会",在徐志摩的罹难地长清举行。

纪念会由济南市国家税务局科研所所长、《税收与民生》副主编马建主持。

来自济南市徐志摩研究会、济南市作家协会、山东省散文协会、山东工艺美术学院、济南时报的专家学者,以及济南市税务学会和长清区国税局的部分工作人员近40人,满怀敬重的心情,凭吊徐志摩,敬献花篮。随后,又组织了"魂落开山,诗风永存"诗歌朗诵、散文诵读和座谈,追思徐志摩的文化贡献,追寻徐志摩的生命足迹,探寻其精神的时代价值。整个活动饱含深情,充满激情,飞扬诗情。

"有人说,徐志摩那一天急着回北平是为了参加林徽因在协和礼堂的讲演,倘若他不急着回北平,就不会乘坐邮政小飞机遇到大雾而罹难。也有人说,徐志摩急匆匆赶到北平,是为了在日寇步步逼近、东北局势危急、华北即将不保的国难时刻,欲与北京大学的教授们一起表达出同仇敌忾的抗日信念。从这一点上不难看出徐志摩的家国情怀。"济南徐志摩研究会主任陈忠首先做

长清区国税局部分干部职工在北大山徐志摩遇难地凭吊

了主旨发言。他在简要介绍了徐志摩的生平事迹以及同济南的不解之缘后，着重对徐志摩的人生追求以及时代价值进行了分析解读。

对于家国情怀的现实意义，长清区国税局局长蒋宝铸做了深刻的解读。他说，家国情怀是中华民族伟大爱国精神的具体体现，无论是在国家危难之际，还是和平建设时期，都是中华民族强大的精神支柱和精神财富。家国情怀不是一句空洞的漂亮话，而是需要扎扎实实的行动。我们作为国税人，就应当把报效国家作为人生的最高目标，牢固树立为国为民的爱国主义精神，以"为国聚财、不辱使命，服务为民、甘于奉献"为己任，尽心尽力地履行好自己的职责。

尚晓睿、房红等人围绕徐志摩与济南的缘分、追念徐志摩的意义以及对本次活动的体会、感想等进行畅谈。大家一致认为，徐志摩的家国情怀，集中体现在他投身"五四"运动、同情贫苦以及痛恨外敌侵略的言行之中。爱，美，自由，交汇成生命最美丽的和弦。徐志摩短暂而耀眼的一生启迪我们：要永远坚守对真善美的追求。

2015年10月3日，由山东工艺美术学院青年雕塑家商长虹雕塑的徐志摩铜像，在天津大学冯骥才文学艺术研究院院内举行揭幕仪式。

"志摩回到母校铜像落成仪式"上，天津大学领导汪曦、山东工艺美院院长潘鲁生和天津大学冯骥才文学艺术研究院院长冯骥才先后致辞。冯骥才和中国作家协会常务副主席吉狄马加为铜像剪彩。

随后，冯骥才文学艺术研究院从事文学研究的师生及现场嘉宾还为诗人献上了学院里的红叶。因为徐志摩的第一本散文集的名字叫《落叶》，此种纪念别具诗意。

国内知名文学、艺术、文化界人士刘诗昆、濮存昕、梁晓声、张炜、陈子善、王尧、张颐武、张泽群等出席揭幕仪式，见证这一时刻。

济南徐志摩研究会主任陈忠，副主任王任、王展也从济南前往参加此次揭幕仪式。

2015年10月23日，在徐志摩遇难84周年纪念活动前夕，作家鲁申和诗人徐辉从济南来到海宁会见文友并参观徐志摩故居、祭拜徐志摩陵墓，以了却埋在心中的一件憾事。

在文友罗洪烈的带领下,他们当天拜访了正在住院疗病的80岁的作家顾永棣老先生。顾老是徐志摩身后整理出版志摩文稿付出最大的关键之人。早年顾家和徐家不但是邻居而且还是亲戚,徐志摩的父亲徐申如当年还抱过幼年的顾永棣。顾永棣从少年时代到以后从事教师生涯中都在崇拜志摩喜欢志摩诗中度过,他是我国研究志摩一生的权威和学者。

2016年8月9日,徐志摩纪念馆在杭州上塘路97号小院开馆。济南徐志摩研究会成员陈忠、李炳锋、王任、吴文峰前去参加揭牌仪式,并带去贺信表示祝贺。贺信写道:

喜闻杭州徐志摩纪念馆今日开馆,济南市作家协会徐志摩研究专业学术委员会表示热烈祝贺。

徐志摩先生是现代著名诗人,新月派代表人物。85年前,他把一缕诗魂留在了济南北大山,让这座千年诗城无意中平添了淡淡的忧愁和些许苦涩的浪漫。现在,徐志摩纪念馆在杭州建成,让喜欢徐诗的人有了一个参拜和安安心

徐志摩纪念馆在杭州上塘路97号小院举行开馆揭牌仪式

灵的地方，极好。祈愿浙、鲁两地的徐志摩爱好者精诚努力，把对徐志摩研究推向深入，让诗人和诗的魅力永远发扬光大！

2016年11月19日是徐志摩在济南遇难85周年纪念日。当日上午，由济南市作家协会徐志摩研究专业学术委员会、《齐鲁诗坛》杂志与济南市长清区文联、长清区作协在长清区宣传部组织召开了"青山依旧，诗魂千秋——纪念徐志摩先生在济遇难85周年"座谈会。

座谈会上，作家和诗人们追思了徐志摩的生平事迹、徐志摩对新诗发展的推动和影响作用及在中国诗坛的地位，并对徐志摩清新流畅、想象丰富、意境优美的现代诗歌的艺术形式和个性风格做了探讨，同时，研讨了进一步推动徐志摩公园、北大山改名为志摩山、2017年举办纪念徐志摩120周年诞辰书法展、纪念徐志摩120周年诞辰诗歌朗诵会等议题。

2016年12月，由三沙市市委宣传部联合"三沙热点"公众号开展"华夏沃土汇三沙"土壤征集活动，征集了全国34个省、市、自治区、特别行政区的土壤标本，以"华夏沃土"和黄河、长江之水在南海岛礁上种下一棵"中华同心

"青山依旧，诗魂千秋——纪念徐志摩先生在济遇难85周年"活动

树"，以示南海诸岛是华夏沃土不可分割的一部分；象征祖国人民万众同心，维护国家主权的决心坚定不移。

来自山东的土壤是受济南《中国诗影响》杂志社委托，由办公室主任焦淑斌女士取自位于济南长清北大山上的徐志摩纪念公园。2017年2月14日三沙热点平台以"南海一棵'诗意'的树"进行了专题报道。

土壤从济南先寄往位于南京的郑和下西洋的起点——"南京明代宝船厂遗址"，然后再次启程，经海南省会海口，然后搭乘"琼沙3号"轮运至地处南海深处的三沙市。

焦淑斌取北大山土壤

2017年1月15日，是徐志摩120周年诞辰纪念日。当天上午，由济南市文联、济南人民广播电台主办，历下区文联、FM106.6济南新闻广播、济南市徐志摩研究专业委员会承办的"再别康桥——纪念徐志摩120周年诞辰诗歌朗诵音乐会"在济南市历山剧院举行。

朗诵音乐会将"诗"与"歌"完美融合，演出作品除了取自徐志摩的经典诗歌《再别康桥》《我有一个恋爱》等之外，还结合济南本土诗人刘溪的《一九三一，他来过济南》与陈忠的《在徐志摩墓前》，以诵、乐等多种方式进行演绎，让大家充分感受到了诗歌之美和音乐之魅。朗诵音乐会在济南电台首席播音员、全国金话筒获得者杨波朗诵的《雪花的快乐》中开场。金山、方言、嘉丽、胡霞、徐宁、许建功等参与过"声动泉城——名家名篇诗文咏诵会"朗诵的主持人依次登台诵读。一首首诗歌，或讲述一个故事，或描述一幅画面。徐志摩的经典之作，字字句句，在朗诵者的演绎中，起承转合，拨动着在场每一位听众的心。中央电视台2016年

"再别康桥——纪念徐志摩120周年诞辰诗歌朗诵音乐会"在济南市历山剧院举行

"我是歌手"月冠军、泉城青年歌唱家霍伟义、济南市歌舞团通俗歌手冯天君、女高音歌唱家韩霞、十岁的小钢琴手王力民、历下之声合唱团的精彩表演,让诗歌在这个冬日翩翩飞舞。

2017年2月5日,山东省政协十一届五次会议开幕。山东省政协委员、山东省自主创新促进中心主任李新峰做了一份关于纪念徐志摩的提案。

李新峰在提案中建议,先期命名位于济南市长清区崮云湖街道开山村西邻的北大山为"志摩山",并在"志摩山"为徐志摩立像(铜质塑像或汉白玉材质),还应把建设"徐志摩纪念公园"作为一项重要的文化建设工程来实施。

2017年4月16日上午,在中国杭州徐志摩120周年诞辰纪念会上,济南徐志摩研究会副主任王任代表济南徐志摩研究会,向徐志摩孙子赠送徐志摩全身雕像。吴开晋、吴文峰也参加了此次纪念会。

2017年5月19日,济南纪念徐志摩120周年诞辰主题创作活动新闻发布会暨启动仪式,在长清中国美客艺术创意产业园举行。山东省社科院、济南市文联、长清区政府、部分省政协委员以及九三学社济南市委领导、山东省通俗文艺研究会、济南徐志摩研究会的成员、济南大学科技园的高校师生及二十多家媒体记者参加了活动。

纪念徐志摩120周年诞辰创作活动的主题为"以文化创意凝望诗人影像,以艺术创作营造诗意空间"。主要内容是面向全国征集关于徐志摩的油画、国画、书法、雕塑、诗歌等作品。同时,10月中旬在济南市举办大型展览,优秀

王任向徐志摩孙子赠送徐志摩全身雕像

作品将结集出版并永久保存纪念。主要活动围绕中国美客园区开展，计划将建立志摩艺术馆，邀请我国著名青年雕塑家商长虹先生为徐志摩创作铜像，同时在园区内打造徐志摩主题文化小镇。今年还将根据济南徐志摩研究会的倡议，与地方政府及民政部门协调，争取将徐志摩遇难地北大山更名为"志摩山"并刻石纪念。倡议条件成熟时，在崮云湖景区规划启动建设"济南徐志摩纪念公园"，充分发挥徐志摩与大学城的资源优势。活动还将走进济南大学科技园，结合"声动泉城"策划相应主题的诗文咏诵会。期间还将整理出版徐志摩纪念文献等。

徐志摩是一位具有超凡想象力和独特魅力的诗人。主题创作

济南市文联党组书记刘溪在主题创作活动新闻发布会暨启动仪式上致辞

活动主办方希望借此给济南市带来文化建设的发展机遇,也希望诗意的生活和现代时尚在这里汇聚融合,让"爱、自由、美"的徐志摩精神在这片古老的大地上更加光彩夺目。济南,不仅是泉水之城,而且还是诗意之城。泉水之城,需要诗意的滋养和润泽。在诗城济南纪念徐志摩,是追寻远去的文化精神,营造诗意栖居的城市梦想,构建人文纪念的艺术氛围。

2017年11月19日上午10点,在长清北大山,举办了由济南市徐志摩研究会组织的"每一个人的心里都有一朵诗的云彩"——徐志摩在济殉难86周年纪念活动。

济南的作家、诗人王任、郑连根、陈忠、王展、吴文峰、郭光明、陈华、焦淑斌、于海龙汇集在北大山下,与山东师范大学文学社的大学生们和其他院校的大学生,一起上山祭奠。

到达山腰处的徐志摩纪念碑前,摆放好焦淑斌定制的两个花篮和一束鲜花,诗人、作家们一起三鞠躬。随后,陈忠、王任和吴文峰分别对徐志摩在济南遇难处的考证、徐志摩的文学影响等话题给山东师范大学文学社的大学生们做了简单的讲述。

山东师范大学文学社的大学生们朗诵了徐志摩的《再别康桥》名篇。

随后,济南的几位文朋诗友到了"新月书坊"举行了座谈。大家就将北大山命名为"志摩山"对济南长清区的文化提升、对徐志摩文学作品中的人文精神和建议在济南举办"徐志摩文学节"等话题,纷纷发言,献计献策。

2018年11月18日,王任主编的

徐志摩在济遇难86周年活动现场

《北山》杂志问世，王任在第一辑里特别选了胡适、林徽因、王统照等著名人物悼念徐志摩的文章。

2018年11月19日，《济南时报》刊登了记者钱欢青的专题报道《一处纪念园，一处花园，一本民刊，只为纪念你 遇难87年，志摩诗魂永留济南》。

2018年12月24日，《齐鲁晚报》发表了陈忠的《王贯一与"济南号"》，该文是陈忠采访居住在济南的徐志摩外甥宋大鸣之后撰写的，文中有许多关于徐志摩遇难时的"济南号"飞机与王贯一之间最新的史料、图片，填补了许多关于徐志摩与济南史料上的空白。

2019年11月17日上午9点，济南长清北大山南麓徐志摩纪念公园，山东劳动职业技术学院的师生代表、济南大学科技园部分高校学生代表和中国诗歌在线、济南徐志摩研究会、山东电视台、济南电视台、济南时报、中国诗影响杂志社、山东诗人杂志社等单位和媒体共同参与、见证了纪念徐志摩先生遇难88周年活动。

2019年的深秋，此时的北大山，早已没有了春天的鲜花烂漫、夏天的葱

纪念徐志摩遇难88周年活动现场

郁葱然，野草也已衰败得不成样子了。偶尔会看到的几片耐寒的绿草，铺散开来，那细如毛发的叶子，想必绿得格外显眼，平添了些许凄凉和感伤。

站在北大山半山腰上，往南方极目望去，仿佛看见了一叶叶碛石镇过往的帆影；看见了一片片起伏着的、黄熟的稻田；看见了一块块青石板上湿漉漉的脚印；看见了一丛丛黛瓦之间秋草的轻盈；看见了一只只久远的山谷里的蝴蝶轻轻地扇动。

再回首，俯瞰山脚下掩映在绿树花丛里大学城和园博园，感慨万千。

88年前的北大山，留下了时任北大教授的徐志摩，88年后的今天，山下建起了现代化的大学城，近十座大学在此拔地而起，十几万莘莘学子从全国各地纷至沓来；汇聚了世界各地奇花异草、亭台楼阁的园博园也飞落在这里，巧夺天工，浑然天成。想来徐志摩孤寂的诗魂从此可能不会再寂寞了。

山下急驰着的高速火车和通往南北的汽笛声不时传来，那可能是在向徐志摩传递慰藉和爱意吧。

陈梦家在《新月诗选·序言》中曾这样评价徐志摩的诗歌："他的诗，永远是愉快的空气，不曾有一些伤感或颓废的调子，他的眼泪也闪耀着欢喜的圆光。这自我解放与空灵的飘忽，安放在他柔丽清爽的诗句中，给人总是那舒快的感悟。好像一只聪明玲珑的鸟，是欢喜，是怨，她唱的皆是美妙的歌。"

朱自清在《新中国文学大系·诗集·导言》也说："他是跳着溅着不舍昼夜的一道生命水……他让你觉着世上一切都是活泼的、鲜明的。"

在这个诗意匮乏的时代，还有多少飞扬的激情，多少浪漫的寻梦，多少可循的感动？

又有多少人，能把自己的姓名变成一种隐喻，使之成为一个文化代表？

又有多少人，能把自己短暂的生命，绽放成一朵理想之花，开在文化的沙漠上？

此刻，我们这些对诗歌很敬重的后人，为什么对徐志摩倾注了那么多的真情。其实，我们喜欢的不仅仅是他的率性，更崇尚他的"爱、自由、美"。

我们隔着那么久远的光阴，和徐志摩在文字里相逢，重温着他的诗句，就是为了让在记忆里沉睡了许久的感觉变得鲜活起来。

然后——

找寻沧桑里的青春,尘世里的诗意,生命里的轻重,爱情里的光荣。

现在。

缅怀是一种回忆的过程。

回忆是一种历史的延续。

有谁,会在时间的断层,看见一朵渡劫而去的云彩;有谁,会在过往的天空,看见那一低头的温柔;有谁,会在追寻情爱的幻境里留下不悔的光和影?

然后,永恒。

徐志摩,已远去88年,他永远地留驻在了济南的北大山上,他的诗魂永远地栖息在了醉鱼木和野雏菊的丛中。他短短的35个春夏秋冬,至少让我们明白:渐行渐远的过去里,我们也曾浪漫过,纯洁过,真爱过,理想过,坚守过——因此无悔!

向上瞻望,瞻望那高于我们头顶的人,就会看到阳光背后的苍穹。

图书在版编目（CIP）数据

徐志摩：诗意之城安诗魂/陈忠著. — 济南：济南出版社，2020.6
（济南故事/杨峰主编）
ISBN 978-7-5488-4040-4

Ⅰ.①徐… Ⅱ.①陈… Ⅲ.①徐志摩（1896-1931）—传记 Ⅳ.①K825.6

中国版本图书馆CIP数据核字（2020）第013735号

徐志摩：诗意之城安诗魂
XUZHIMO: SHIYI ZHICHENG ANSHI HUN

出 版 人：	崔　刚
图书策划：	郐　良　李　岩　张元立
责任编辑：	姚晓亮
封面设计：	张　金
出版发行：	济南出版社
地　　址：	济南市市中区二环南路1号　250002
邮　　箱：	ozking@qq.com
印 刷 者：	济南新先锋彩印有限公司
经 销 者：	各地新华书店
成品尺寸：	170 mm×230 mm　1/16
印　　张：	11
字　　数：	155千字
印　　数：	1—10000册
出版时间：	2020年6月第1版
印刷时间：	2020年6月第1次印刷
书　　号：	ISBN 978-7-5488-4040-4
定　　价：	55.00元

（版权所有　侵权必究）